ムダ・ムリをなくせば仕事が3倍ラクになる!

いつも仕事が速い人が大切にしていること

白倉栄一

KKロングセラーズ

はじめに

あなたはふだん働いていて、

「時間通りに終わらず、いつも残業になってしまう」

「時間ばかりがかかってしまい、結局仕事が終わらない」

「職場の人間関係に振り回されてしまう」

などの悩みを抱えていませんか?


私も20年間サラリーマンをしていたので、その気持ちがよく分かります。

「効率的に仕事をこなして、時間通りに帰れるようになる」

「仕事における人間関係でストレスフリーになる」

職場では、この2つを実現していきたいものです。

「そうは言っても、会社が変わらない限り、難しいのでは?」

と思うかもしれません。

しかし実は、ちょっとしたポイントを習得すれば、この2つを解決することができるのです。

★「効率化」「省力化」を目指そう

この2つの解決の鍵は、**常に「効率化」「省力化」を考えて仕事をすること**です。


さて、あなたはタイパという考え方を知っていますか?

似たような言葉に、コストパフォーマンス(コスパ)があります。「費用対効果」という意味で、掛けた費用に対して効果があるのかないのかを判断する指標になります。

同じように、タイパは**「時間対効果」**という意味です。費やした時間に対して得られた効果の割合が高いのか低いのかを判断する指標になります。

つまり、仕事の中での大きな時間短縮は、まさにタイパが高いと言えるわけです。タイパを高めるには、小さな時間をコツコツ節約していくなど、時間に対する意識を高めていくことが大事です。

例えば、共有で使っている文房具などの場所を変えたり、場合によっては個人で持ったりすることでも大きく変わることもあります。こういったことの積み重ねが効率化や省力化へとつながっていくのです。

あとは、常に楽しんで取り組んでみることも大事です。単調な事務作業こそ、ゲーム化して楽しんで臨めば、面白いほどスピードアップします。詳しくは本書で紹介しますので、ご活用いただければと思います。

★人間関係の構築こそ「効率化」に欠かせない!?

実は、職場における人間関係をうまく構築することこそが何よりのタイパにつながります。

言い換えれば、**上司や部下との人間関係構築は「省力化」「効率化」にもなる**のです。

人間関係ができれば、あなたの提案が通りやすくなりますし、あなたが仕事しやすい環境を用意してもらいやすくなります。何か困難なことがあれば、協力してくれることもあります。あなたの仕事のスピードはますます速くなるでしょう。

とはいえ、

「そんなのうまくいくわけがない」

「簡単なことじゃない」

「私のことなんて全く分かってくれない上司だから無理」

などと思うかもしれませんね。

たしかに人間関係は、すぐにはうまくはいかないものです。

私もサラリーマン時代には、厳しい上司の下で仕事をしたことが多かったので、その気持ちは痛いほどよく分かります。

でもこれもちょっとした考え方で変わっていきます。

それは、ズバリ！ 上司が好きなこと、嫌いなことをよく観察しておくことです。

そして上司に喜んでもらうためにはどうしたらいいかを考えてみるのです。

皆さんは自分を上司に置き換えて想像してみてください。

自分のことを大切に思ってくれる部下や自分がしてほしいことを部下が期待に応えてくれてやってくれたらどうでしょう？

絶対にうれしいはずです。そんなふうに少し考えて行動してみるだけで、明日からの皆さんの状況が大きく好転していくと思います。


そうなれば日頃のストレスも軽減し、仕事がはかどるだけでなく、職場に行くのも楽しくなります。職場の人間関係の構築は、ストレスフリーな環境を作るだけではなく、「効率化」を考える上でも非常に重要なのです。

詳しい方法については本書で解説していきます。

どうぞ楽しみにしていてください。

★私が「効率化」「省力化」を身につけた経緯

ところで、なぜ私が「効率化」と「省力化」をひたすら考えて働いていたかといいますと、私は胸から下が効かない車いすユーザーだからです。

ジャスコ株式会社（現：イオンリテール株式会社）に入社して2年目の夏に、交通事故に遭い、医師からは「一生車いす生活になります」と告げられました。

もうお先真っ暗だと思いながらも、両親や友人、そして医療スタッフの皆さん、会社の人たちのおかげで、約1年3か月のリハビリの末、職場に復帰することができました。

そのときに感じたのは、復帰した喜びはあったものの、同期の中には、出世している人もおり、自分だけが大きく取り残されてしまった感が否めなかったということです。

さらに、以前のような健常者ではなく車いすユーザーである私。

ステップアップしたいと思っても、まわりの人と同じようなことができないのでは？と軽い絶望を覚えました。

そういった状況の中で、健常者の方々と同じか、それ以上のパフォーマンスを発揮させていくにはどうしたらいいのか、ひたすら考え抜いた結果、**「効率化」「省力化」の方法を見つけた**のです。

その結果、ハンディキャップのある身では厳しいと言われる中、38歳のときに異例の人事総務課長に就任することができました。

課長になったことで自分のやりたかった仕事にも着手することができましたし、担当者レベルではできないやりがいのある仕事を任せられることも増えて、ストレスも少なくなりました。

さて、課長になった経緯をお話ししてきましたが、これは私だからできたことではありません。

ちょっとしたコツを考えて実行したからにすぎません。

あなたも仕事の効率化と省力化を身につけ、今のマンネリ化したループから抜け出しませんか？

そのためには、とにかく「スピード」を意識して、タイパを高める仕事をしてみてください。**人間関係の構築も気が進まないのでしたら、「効率化」のためにすると割り切ることが大事**です。

★過去から決別しよう

最後に、自分を変えるために、もし過去につらいことがあったとしても、振り返らないでください。

いくら悩んでも過去は、変えられません。できるだけ過去のつらかったことを考えずに、前だけを向いてこれからどう生きていくかに焦点を当ててください。

ですからこれまで上司や部下からあまりよく思われていないと感じていても、今日でリセットです。

今日から変わればいいんです。

「あれっ、すごくいい感じに変わったね」と思われるように、上司や部下をびっくりさせてやろうじゃありませんか？


「働き方」を変えていけば、皆さんの未来は必ず明るくなります。

今までとは違って、
・仕事の効率化が上がって、楽に仕事をこなせるようになる
・残業が少なくなって、プライベートの時間を確保しやすくなる
・上司・後輩・部下などまわりの人たちとの関係が良好になってストレスが少なくなる

そして皆さんの立場は、一気に好転するはずです。

私は自分が車いすユーザーとなり、サラリーマン時代にはいろいろな経験をさせていただき、こうして執筆する機会もいただきました。

だからこそ、そのときの恩返しとして、自分の「効率化」「省力化」のノウハウが少

しでも多くの方々にお役に立てることができればと思っております。

今日からが皆さんの新たな旅立ちです！

では始めていきましょう！

白倉 栄一

もくじ

第4章 人に仕事を任せても喜ばれる方法を身につける

第5章 上司を味方にすれば仕事が速くなる

第6章 ピンチなときこそ「考え方」が一番重要になる！

第1章 今までのうまくいかなかったことはもう考えない！

01

悩んだら原点を振り返ってみる

★これから自分を変えていくには？

以前、新卒の採用部署で働いている人から、次のような言葉を聞いたことがあります。

「入社時はとてもイキイキした表情で、これから会社で頑張ろうとする姿がみなぎっていた人が、3年ぐらい経ったときにお会いすると、何だか元気がなくなってしまっているのが残念でなりません」

私も、店舗人事の仕事をしていたので、そのような残念な気持ちを感じたことがありました。

「あんなにやる気がみなぎってイキイキしていたのに……」

なぜ、このようなことが起きるかといえば、良くも悪くも人は周囲の環境に影響されてしまうからです。

厳しいながらも面倒見がよい上司の下で働くのと、仕事を押し付けるだけの面倒見が悪い上司の下で働くのとでは、仕事へのモチベーションが大きく変わって当然でしょう。

でも、安心してください。

たとえ、上司に恵まれなくても、自分を取り巻く環境がイマイチであっても、「このままじゃいけない」「変わりたい」と思う気持ちがあれば、今からでも復活できます。

まずは、**自分の原点に戻って、自分が何をしたいのか、自分の気持ちに気づくこと**です。

アメリカの哲学者であり心理学者であるウィリアム・ジェームズは、

「心が変われば行動が変わる。行動が変われば習慣が変わる。習慣が変われば人格が変わる。人格が変われば運命が変わる」

という言葉を残しています。

気持ちに気づくことができれば、まわりの環境に流されず、あなたの行動が変わります。行動が変われば、今までのネガティブな自分をリセットできて、再スタートを切ることができます。さあ、あなたの快進撃をスタートさせていきましょう。

★悩んだらスタート地点に戻ろう！

自分の気持ちにフレッシュさがなくなっていると感じたら、**希望に満ちた入社時のことを振り返ってみましょう。どんな目標・夢を掲げたのでしょうか。**

このとき注意したいのは、過去のことを思い出して悔やまないことです。

私は交通事故に遭って、車いす生活を余儀なくされました。

「なぜあの道を通ってしまったのか？」

過去について悔やんでしまうことがありましたが、過去をいくら悔やんでも、過去は変えられません。

私の場合、車いすユーザーになったことを受け容れて、これからどう生きていくかが将来に向けての大きなテーマでした。入社時の夢だった世界を飛び回る果物のバイヤーへの道はあきらめざるを得ません。

その代わり、車いすユーザーでも目指せる道として、尊敬する上司と同じ役職の「人事総務課長」になりたいと思うようになったのです。いろいろと険しい道のりではありましたが、38歳のときに念願の人事総務課長の役職に就くことができました。

一生に一度の人生だからこそ、これからの人生を満足いくものに創り上げてほしいと心から願っております。もし入社したときの目標・夢が現在の生活環境にふさわしくないのであれば、私のように状況の変化に合わせて、加筆修正していくといいでしょう。過去を振り返って、過去の出来事に縛られるのではなく、今のあなたがこれから何をやっていきたいのかを明確にしていきましょう。

1年後、3年後、5年後、10年後にあなたのなりたい姿を想像してみてください。

私自身の今までの経験から、人はどんな困難があっても、自分の気持ちに向き合って、これからの人生を満足いくものにしようと思うこと。大事なのは、**目指すものを見つけて、再スタートを切ること**です。

目指すものがあるからこそ、行動への第一歩が始まります。

POINT
- 自分の原点に戻って、自分が何をしたいのか、自分の気持ちに気づくこと
- 1年後、3年後、5年後、10年後にあなたのなりたい姿を想像する
- 一生に一度の人生だからこそ、これからの人生を満足いくものに創ってほしい

02 できること・得意なことを強みにする

★あなたは何が得意ですか？

何事もそうですが、戦略なしにただやみくもに考えて成功するほど、甘くありません。

ここからはうまくいくための戦略を考えていきます。

まず、**この機会にぜひやっておきたい戦略は「自分自身を知ること」**です。

まさに「じぶん棚卸」です。

何が得意で、何が不得意か、何が好きで、何が嫌いなのかなど、洗い出してみましょう。

得意だと感じているものは力を発揮させやすく、その反面、不得意だと感じているものは何かのきっかけがない限り、意欲も湧かないものです。

せっかくなら、得意なものをしっかりと把握して、そこで確実に成果を挙げることを考えてみたらどうでしょう？

「私には他の人よりも秀でる得意なものなど何もない！」

こう思う方もいるかもしれませんが、些細なことでも得意と思っていれば結構です。

もし、まわりから「あなたは○○が優れているね」とかどんな内容でも**褒められたことがあったら、それはあなたの得意分野と言ってもいいでしょう。**

字を書くのが上手、電卓を入力するのが速い、人見知りすることなく話しかけることができる、笑顔を人から褒められる、声がきれい、人との交渉がうまい、整理整頓が得意、掃除が得意、など。

とにかくあなた自身の特徴を知って、すぐに活かせるものがないかを見つけていければいいわけです。

また、きちんと洗い出すことで、あなたにとって何をやるべきかが明確になり、あなたのアクションプランが決まるため、後になって忘れてしまっては意味がありません。

必ずノートやパソコンなどに記録しておくといいでしょう。

★得意なことを作り出すのも有効！

それでも得意なものが見つけられないなら、**「得意なものを意図的に作る」**こともおすすめです。「自分もある程度できて、まわりの戦力になるスキル」を見つけるのです。例えば、EXCELに詳しい人がまわりにいないのなら、EXCELについて勉強して、得意と言われるレベルまでにスキルアップするといった考え方です。

ここで、私自身の経験をお話しさせていただきます。私自身は、脊髄損傷で下半身が動きませんが、幸いなことに、上半身の機能は問題なく使うことができました。

そのため上半身という残された機能（残存機能）に、焦点を絞って全力を注ぐことにしたのです。

「使える機能＝できる＝得意」という構図に当てはめて考えてみて、導き出した答えがキーボードによるタイピング入力でパフォーマンスを発揮することでした。

物を運ぶような仕事は、車いすユーザーの私がどんなに頑張っても、優れたパフォーマンスは出すことはできません。

一方、デスクワークであれば、「やり方次第では社内において戦力になれるかもしれない」と思ったからです。

当初、タイピング入力のスピードは、10分間で300文字くらいでしたが、半年間の入院時でのトレーニングで500文字、職場復帰後においても、自宅のパソコンでトレーニングを続けることで、2年後には1300文字まで入力できるようになりました。

10分間で1300文字の入力ができるようになったことで、人から文書の入力を頼まれるようになり、職場での自分の存在感をアピールすることができたのです。

ではどうやって具体的に速く入力することができたのかというと、10分のタイマーをかけて何字入力できたのかをひたすら繰り返していくうちに自然と速くなりました。

さらにゲーム系のタイピング入力ソフトを使って、ラスボスを倒したい一心で、ゲームを楽しんでいたら、次第にスピードが身につきました。

私が継続できたのは、「次回は何字入力するぞ!」とゲーム感覚で挑戦したからです。ワクワクする方法を見つけたことが成果となって現れました。

そしてここでのポイントは、**人より抜きん出るレベルになるように、あなたの得意なものを磨いていくこと**です。

★得意なもので自信をつけろ！

次に、どうやって得意なことで、存在感を出していけるのかをお伝えします。

以前は、書籍を購入したり、学校に通ったり、学ぶ手段が限られていましたが、現在はいろいろな媒体があるので、独学でも学ぶことができるようになっています。

例えば、YouTubeには、ノウハウを教えてくれる動画がたくさん投稿されており、無料でいろいろと勉強することが可能です。

有料にはなりますが、おすすめしたいのは、Udemyというネット講座です。

セール期間であれば、クオリティの高い講座でさえも、割安で講座を購入することがで

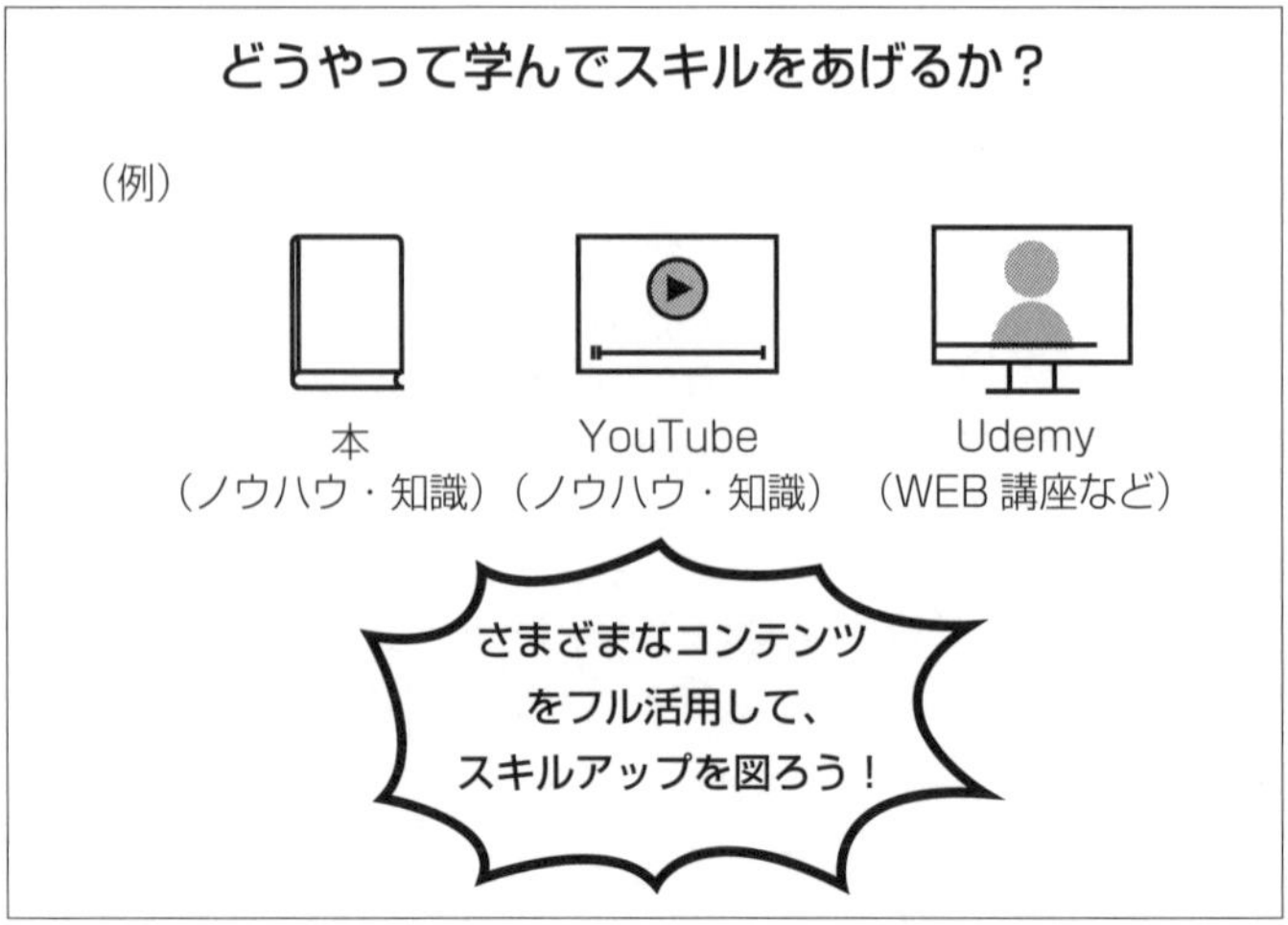

きます。

もちろん、従来のように書籍を購入して、力を磨いていくのもいいでしょう。

とにかく**いろいろと試しながら自分に合った方法を探して、他人よりも抜きん出るくらいの力をつけていくことが大事**です。

たしかに、スキル向上を狙うと、時間がかかるかもしれません。

しかし、楽しく頑張り続けることで、数か月後に努力が実って、あなたのスキルが格段にアップしていることでしょう。

あっと驚くようなスキルを身につけて存在感をアピールしてみてください。

やがて職場の中で必要とされる存在となり、あなたがいるから職場がうまくいくと思われるような人になっていけるはずです。

POINT

・「じぶん棚卸」をして、何が好きで嫌いか、何が得意で不得意かを洗い出す
・得意だと思うものをあらゆる手段を使って力を磨いていく
・楽しく頑張れる方法ならトレーニングが長続きしやすくスキルが身につきやすい

03 効率アップに欠かせない不得意なことへの対策

★まずは自分でやってみる

先ほどの「じぶん棚卸」をすると、不得意なことも分かったと思います。不得意なことをしなくて済むのであれば、それでいいのですが、残念ながら不得意なものだとしても、組織の中でやらないわけにはいかないものもあるでしょう。

その際、どのように対策するかです。ポイントは、**不得意だと思われないように、チャレンジしようとする姿勢で臨むこと**です。

というのも、本当はやりたくなくても「これは仕事だから」と我慢して、仕事をしている人は少なくないからです。不得意な仕事から逃げようとする人に対して、「仕事なのにやらない」わがままな人と見られ、そんな人がいくら応援してほしいと言っても聞く耳を持ってくれないことだって考えられます。

私は車いすユーザーなので、どうしてもできない仕事がありました。

例えば、スーパーマーケットで食品レジが混雑していたら、後方部門で働いている従業員であっても、食品レジの応援に入ってサポートする必要があります。

しかし、レジの応援に入ろうと思っても、車いすが動けるほどのスペースがなかったり、レジの操作ボタンの位置が高すぎて操作しにくかったりで、とてもレジ応援の戦力になるとは思えません。

それでも、「レジはできません」とあえて言わないことを心がけました。

その代わり、レジの訓練があれば率先して受講したり、「何かあったらいつでも協力します」と言ったり、ポジティブワードを使うようにしていたのです。

実際、私がレジ応援に呼ばれることはありませんでしたが、部署のメンバーがレジ応援に行ったときには、「私が事務所に電話が入ったら、すべて対応するから、皆さん頑張ってきてください」という気持ちを伝えていました。応援から戻ってきたら「お疲れ様でした」と声をかけることを心がけていました。

不得意なものであっても、協力的なスタンスを取ることで、ダメージを最小限にコン

トロールできるのです。組織の中では相手にどう思われるかによって、仕事の質が大きく変わってきます。非常に大事な考え方です。

★マネることで得意に変わることも

ここからは、不得意をどうやって乗り越えるかについてお伝えしていきます。

ポイントは、**うまくいっている人のやり方をマネしてみること**です。**それだけで不得意が得意に変わるケースをよく見てきました。**

上手な人のやり方をじっくり観察していくと、「もしかして、これって意外と簡単！」と思えることがあります。

私は主任時代に、ある仕事において、得意な人と不得意な人の動き方を検証したことがあります。

人がどのように動くかを観察しながら、ストップウォッチでタイムを計測したところ、得意な人の動きに比べて不得意な人の動きには、歩数だけでなく、体の動きにムダがあることも分かりました。

そこで、得意な人のやり方を不得意な人に見てもらって実践した結果、不得意な人は、以前よりもスムーズに仕事をすることができたのです。

上手くいっている人のマネは、とても有効な手段でもあります。自ら不得意だと思っているのであれば、**上手にやっている人に教えてほしいとお願いするといいでしょう。**

お願いの仕方ですが、うまくいかない自分の事情も正直にお伝えすることから始めましょう。

「○○さんがとても上手に見えるので、○○さんのようにできるようになってみたいと思っています。もしよろしければ教えていただければありがたいのですが……」

このように丁寧にお伝えすれば、教えてくれる方も「それならば……」という流れになるでしょう。

★頑張ってもうまくいかないなら人にお願いするほうが有効

ただ、自分の力ではどうしても乗り切れない場合もあると思います。

その場合は、他の人に気持ちよくやってもらえる方法を考えるといいでしょう。

得意な人にやってもらったほうが、会社としても確実に効率アップにつながりますので、自力にこだわる必要もありません。

もし、あなたに部下や後輩がいるのであれば、**褒め言葉をうまく使いながら、その人が気持ちよくやってもらえるように話を持っていくこと**をおすすめします。

下心がばれてしまうと、「本当は、この仕事をやりたくないから私にお願いしているのでは?」と思われるかもしれませんが、それでも素直に私よりあなたのほうが素晴らしいと賞賛していれば、相手は嫌な気持ちがしないものです。

では、あなたに部下や後輩がいない場合はどうするのか?

上司との面談などを通して、できない理由をきちんと伝えてください。

その仕事をやることで体調に影響が出るとか、不得意で会社にあまりにも貢献できないとかの理由であれば、職場でその仕事を続けていくこと自体が困難なので、はっきり伝えておく必要があります。

我慢して続けても、成果が出ないのであれば、職場のためにもあなたのためにもなりません。

ここで注意したいのは、できない理由としてハッキリと事実を述べても、それ以外のところで会社に貢献したい旨を、きちんとお伝えすることです。

不得意であっても、ネガティブな気持ちではなく、チャレンジしようとする姿勢をまわりのメンバーに見せることです。

あなたが職場の中で気持ちよく仕事をしていくために、まわりのメンバーからできるだけ悪く思われないようにするにはどうするかを常に考えてみてください。

POINT

・不得意だと思っていても、まずはチャレンジしてみる。得意になる可能性もある！
・上手にできる人をとにかくマネしてみる
・頑張っても不得意であるなら、他の人にお願いする方法を考える

04 優先順位を見誤らないことが時短につながる

★記録することで緊急・重要案件を見逃さない

やりやすい仕事を優先し、大事な仕事を置き去りにした結果、上司から叱られたり、まわりに迷惑をかけたりといった経験、ありませんか？

何もかも完璧にこなしてしまうようなスーパービジネスパーソンはいません。誰にでも失敗はつきものですが、信頼関係を失わないためにも、こういった失敗をできるだけなくしていきましょう。

今からお伝えするのは、優先順位を考えた仕事への取り組み方です。

仕事の優先順位は、緊急性と重要性の2つの観点から、いつまでに終わらせたほうがいいかを明確にして決めていきます。

そのとき、仕事の段取りや状況を管理するために、手帳やスマホなどに記録しておくことがポイントになります。手帳でもスマホでも、やりやすいほうでかまいません。

ここで注意したいのは、**頭の記憶だけにとどめておかないこと**です。

人は、時間が経過すると、うっかり忘れてしまう動物です。ミスを防ぐためにも、この機会に記録するクセを身につけるといいでしょう。

仕事の進捗状況を記録しながら進めていってください。

★優先順位はおおよそ4つに分けて対処する

ここからはどのようにして、仕事の優先順位をつけていくかです。

ポイントは4つあります。

①緊急性があり、重要性がある案件
②緊急性があるものの、重要性がそこまで高くない案件
③緊急性はないが、重要性がある案件
④緊急性もなく、重要性もない案件

まず①についてですが、誰もがすぐに着手しなければならないと思う案件です。

これを放置する人はいないでしょう。

ただ、すぐに着手するがゆえに記録をしないままでいると、重要なことを忘れたり、見逃したりしてしまう恐れがあります。1か月経過して上司から細かいところまで突っ込まれたら、しどろもどろになり、信頼を失いかねません。

ここでもし、しっかりと記録しておけば、どんなことでもパッと即答でき、上司からの信頼を得ることができるでしょう。

★緊急性のない案件ほどミスる可能性が多い

重要なポイントとなるのは、**②と③における仕事への向き合い方**です。

多くの人が②を優先してしまう傾向があるようです。あなたはどうでしょうか?

③より②を優先して着手すること自体、間違いではありません。

しかし、意外と後になってミスにつながるのが③の案件です。**②を着手する前に、③をいつまでに仕上げておくべきなのか、期限を決めることが**大事なのです。

そして**期限を決めたら、いつまでに③を着手するのかを、明確に記録しておきます。**

2、3時間でできる案件であれば、思い切って数日中に着手する予定を組んでおくといいでしょう。

どうしても時間のかかりそうな案件であれば、1日の労働時間内に少しずつ進めていき、進捗状況を記録し続けていけば、③の案件を終わらせることができるでしょう。

おすすめは、**期限となる日の1週間くらい、どんなに遅くても5日くらい前に終えておくこと**です。

もし間に合わなければ、上司から叱られますし、誰かの手を借りなければ間に合わない状況になれば、まわりのメンバーにも迷惑がかかってしまいます。

私自身、「間に合わなかったらどうしよう」と期限が近づくたびに心が落ち着かず、パフォーマンスが落ちてしまったことも経験しました。

期日ギリギリに仕上げるほど、ストレスになるものはありません。

そうならないために、きちんと計画を立てながら、余裕を持って期限前に終わらせるよう、進めていきましょう。

特に、③のような案件は、子供の頃の夏休みの宿題みたいなものです。

きちんと実行計画さえ立てておけば、ストレスなく難なくクリアできるはずです。

★仕事は人によって温度差が違うことに注意せよ

最後の④のように緊急でもなく、重要でもない案件は、気持ち的にはやりたくないかもしれません。

しかし、上司からの指示であれば、そうは言っていられないでしょう。

時間のあるときに着手すればいいと思いますが、忘れることのないように記録をとりながら進めてみてください。


この項目の最後に、注意しておきたいことがあります。**そもそも①〜④の優先順位の分類が間違っているかもしれないと、疑いの目を持つこと**です。

「自分は④だと思っていたのに、実は③に分類しておかなければならなかった……」

こんなケースがたまにあります。

つまり、**人によって案件の温度差があり、あなたにとってはそれほど重要だと感じていなくても、上司にとっては重要だと思っている案件があるということ**です。優先順位の読み違いをしないためにも、常に相手の立場から物事を考えることが大事です。「この仕事はすぐにやっておいたほうがいい」とか、「上司はこういった仕事に関して重要視している」とか見極めておく必要があります。

わからなければ上司に聞きましょう。優先順位をつけながら、きっちりと期日内に仕上げ続けることで、「あなただったらミスをせず仕事をこなしてくれるだろう」と思われることになります。

こうして信頼関係を作り上げれば、あなたの存在感をアピールすることができ、効率化を図る上でも効果的です。

POINT

- 大きく4つに分類して着手するとミスを防ぎやすい
- 期限を決めたらかなり前倒しで終わらせるようにしよう
- 相手にとって何が重要かを確認しておこう

05 3＋1の仕事の検証で仕事がかなり速くなる！

★今ある仕事を見直すいい機会だと思って検証してみる

日々、仕事をしていると、「これもあれもやらなきゃ……」と仕事がどんどん増えていきがちです。とはいえ、あなたがやっている仕事すべてが、効率よく、必要不可欠なものばかりかというとどうでしょうか？

もっと効率を上げられるものや、熱心にやらなくてもいいものもあるのではないでしょうか？

ピンチに陥ったようなときにこそ、やることとやらないことを上手に分けていくようにしましょう。きちんと分別することができると、ストレスも減っていくでしょう。

原則として、社内のルールでやめられないものもありますが、そうでないのであれば、該当の仕事が必要なのか、この機会にもう一度考えていきましょう。

★やることをまず3つの観点で検証する

必要だと感じても、別の方法でやってみるのはどうかをぜひ考えてみてください。

ポイントは、まず3つの観点を持つことです。

①仕事の「頻度」の検証

仕事の頻度であれば、自分1人だけで検証をすることもできます。

1つの仕事を行う頻度を変えてみるだけでも大きな効果が現れます。

例えば、毎日コツコツとチェックしながら進めている仕事があるとします。毎日のルーティンになっているが、毎日チェックしなくてもトラブルが発生しないのであれば、週末1回だけのチェックに切り替えたほうが仕事のムダが省けるでしょう。

②仕事の「人数」の検証

人数の検証は、あなたが担当者の立場であれば難しいですが、チームリーダーなどの立場であれば、ぜひ行ってみる価値があります。

1人が、最初から最後まで行うような仕事があったとします。1人ですべてやらないとならないから疲労が溜まっていき、効率が落ちていることも考えられます。

それならば、○曜日に出勤するメンバーで一気にやるほうが素早く終えることができるかもしれません。

作業的なもののほとんどは、大人数で一気にやるほうが、仕事の能率のアップにつながります。なお、ストップウォッチで時間を測れば、効果を見える化できます。

③仕事の「やり方」の検証

こちらもチームリーダーのような立場であれば、検証してみるといいでしょう。

Aさんに任せれば、チームの誰よりも早く終わるような仕事はありませんか？

もしあるのであれば、Aさんのやり方をチーム全体で共有して、チーム全体の時間短縮につなげていきます。もし、他の職場をチェックしたところ、優秀な人がいるのなら、その人のやり方を習得して効率を上げる方法もあります。

私は主任時代に、メンバーの仕事の効率を上げるために、自分の車で主要なメンバーと一緒に店舗視察に行き、1つひとつの仕事をチェックし、参考にしていました。職場以外の人たちがどういう仕事をしているかを見ることは、とても新鮮でワクワクしますし、今よりもよりよいやり方で効率アップを図ることができました。

ただ一方で、チームリーダーがこういった検証をすると、まわりのメンバーがやりたくないモードを出してしまうときもあるでしょう。新しいことをすると、「さらに仕事が増えるのでは？」と誰もが警戒してしまい、面倒くさいと感じるものです。

それを避けるポイントは、**「メリット」をきちんと伝えること**です。

「これを検証してうまくいけば、仕事が以前よりも楽になりますよ。疲れなくなりますよ」と伝えたらどうでしょう？

面倒くさいと感じた気持ちも、自分にメリットのある検証だと思えば、「やってみようかな」と気分をポジティブに変えてくれるはずです。

★4つ目の仕事の検証とは？

4つ目は、習慣化している仕事を思い切ってやめられないか、検証することです。

あまり効果が出ていないけれど、やることが当たり前になっている仕事は、意外と少なくありません。特に、以前から長く続けている仕事は注意が必要です。

例えば、週ごとにあるデータを収集しているが、そもそものデータを収集する目的があやふやなものがあったりします。こういうムダになっているものを思い切ってやめられれば、もっと効果のある別の仕事に着手することができます。

そういったものがないかと見ていき、もし見つけたら、一度上司に相談してみるのがいいでしょう。

その仕事をやめたほうがいかに効率的なの

3＋1の仕事の検証

頻度	・本当に毎日やらないとダメ？ ・週末に１回だと支障が出る？
人数	・１人でやると大変？ ・手分けをするとどのくらいで終わる？
やり方	・今のやり方が本当にベストなのか？ ・まわりにもっといいやり方をしている人はいないか？

＋

必要な仕事	・習慣でやっているだけでは？ ・その仕事の意味は？

かを上司にきちんと説明することです。納得さえしてもらえれば、気分よくスパッとやめられます。くれぐれも上司に相談も報告もしないまま、勝手にやめるのは、上司を怒らせかねないので注意してください。

常に働きやすく、効率よく、ムダをなくしていこうと考えることで、あなた自身の仕事の能力を磨くことができるはずです。

ほとんどの人は、やること自体が当たり前になっていき、ただ惰性でやり続けていることで、仕事をやった気になってしまっています。

ぜひこの機会に、仕事のやり方を見直して、やることとやらないことを分けることで、仕事の効率化をはかっていってください。**常に従来からやっている仕事に対して、もっと早くもっとラクにできないか考えてみることです。**

POINT

・仕事の「頻度」「人数」「やり方」の3つの観点で検証しよう
・やるのが当たり前の仕事を思い切ってやめられないか検証しよう
・従来からやっている仕事に対して、もっと早くもっと楽にできないか考えてみる

06 準備やルーティンで仕事の質が変わる！

★職場に入ったときの様子を人は意外と見ている

あなたが職場に入った瞬間から、上司・部下・後輩はあなたがどういう状態なのかをチェックしているものです。

不機嫌そうに職場に入ってきたら、「あの人は家庭で嫌なことがあったのでは？」とか思われてしまうかもしれません。それだけで損をしてしまいます。絶対に職場には自分のプライベートを持ち込まないと思っていれば、決してまわりの人たちに悪い影響を与えることはないでしょう。

また、基本的なことですが、ネクタイが曲がっているとか、鼻毛が出ているとか、そういったエチケットにも気をつけてください。

女性の多い職場だと清潔感を見せることが重要なポイントになります。

私は女性の多い職場に勤めていたので、その点はものすごく心がけていました。休憩時間中に、「あそこの○○さん、なんか汚いワイシャツを着ていた」とかコソコソ言われないようにしたいものです。

だからこそ、あなたの印象をもっとよくするためにやっておいたほうがいいことがあります。

★仕事をスタートするときの流儀を決めておく

仕事を始めるときに何か流儀のようなものはありますか？

挨拶、笑顔、声などを整えてきたものに加えて、**自分自身の流儀みたいなものを作っておくと、間違いなくあなたの印象度は上がります。**

私が意識していたのは、会社の玄関を入るときに、役者さんがステージに上がるのと同じような感覚で臨んでいました。「今、ここからがスタート！」というような気持ちで、ONとOFFとの切り替えをしていました。

私が所属していたイオンにおいても、バックヤードから売場に入るときには、必ず一度立ち止まって「こんにちは、いらっしゃいませ」と大きく発声してから入るのが流儀になっていました。大きく発声すると気持ちが引き締まって、シャキッとするものです。多分これは、スポーツの世界などでもよくある光景ではないでしょうか?

元読売ジャイアンツの桑田真澄投手はマウンドに上がるとき、必ず痛めた右ヒジをピッチャープレートの板に置く儀式をしていました。プロ野球の投手にとってマウンドが神聖な場所なのと同様、私たちもプロとして職場を大事にしなければなりません。

職場での儀式も用意しておきましょう。

★職場に入る前の準備によって1日がうまくいく

話を元に戻しますが、職場におけるマンネリ化を防ぐためにも、準備をして仕事に臨むことをおすすめします。**準備という意味では、職場に入る前に、当日に行うことは何なのかを事前にチェックしておくほうがいいでしょう。**

職場に入った途端に、上司・部下・後輩が待ち構えていて、急に質問を受ける経験があるかと思います。

できることならば「この案件についてどうなっている?」と上司から質問されたら、素早く答えたいですよね。

職場に入ってからスケジュールを書こうとすると、まだ仕事のことが頭の中に整理されていないので、確実に慌ててしまうでしょう。「今から探してみます」とか「もうしばらくお待ちください」と言って、上司や同僚の仕事を遅らせてしまいます。

すぐに答えられないようでは信頼がされないどころか、場合によっては怒られてしまうかもしれません。

そのためにも、**職場に入る前に当日のスケジュールなどを書き留めて流れをつかんでおきます。**

前日、前々日に起こった出来事に関しても確認しておくといいでしょう。

前日の終業後か、当日の朝起きてからの時間で、10分くらい時間をとって、スケジュールを考えることをおすすめします。

職場に入ってから行うのは、職場に入ってからしか分からない内容については、メールでチェックしたり、上司からの指示などを手帳に書き留めたりすることです。

さらに、身だしなみや笑顔なども万全にしておくために、トイレのような**1人になれる場所があったら、手鏡を見て笑顔を作ってみるのもおすすめです。**

その日の体調や嫌なことがあったりすると、どうしても笑顔になれていないからです。職場に入る前に不愉快な気分をリセットするくらいの気持ちを持ちましょう。

面倒くさいようにも思えますが、ちょっとした手間が大事です。次章で詳しく書きますが、まわりからの印象をよくすることができるかどうかによって、職場におけるあなたの立場や仕事の質は変わっていくはずです。

ルーティーンを決めて仕事に臨んでいくうちに、そのうちきっと全く意識しないでも、あなたにとっての型がきちんとできて、自然と実践できるようになっていきます。

POINT

- 職場に入ったときの様子を人は意外と見ているので注意しておきたい
- 仕事をスタートするときの流儀や職場に入る前の準備によって1日がうまくいく
- 職場に入る前に今日は何をするかをスケジュールを書いておこう

第2章

時短化に欠かせない!?
「印象力」を身につける

01 印象力で時短化・省力化が見込める理由

この章から、具体的な時短化・省力化の方法をお伝えしていきます。

まずは人から見られるイメージを変えていくことから始めていきます。

挨拶と笑顔など、印象作りに早速着手しましょう。

こんな話をすると、「えっ、そんなことはいいから、すぐに使えるテクニックを紹介してよ」と思われたかもしれません。

しかし、大幅な時短化・省力化を進めていきたいのなら、印象作りは避けて通れないものです。何だか腑に落ちない方は、次の2つの観点でよくよく考えてみてください。

①自分1人の能力をどんなに上げたところで、できることに限界があること

②快く仕事を協力してもらえれば、できることが広がること

いくら自分の仕事の能力を上げてすべての仕事をこなすことができるのなら、それでもいいかと思います。

　ただ、1人で今の120％の力で仕事をしたことでオーバーワークとなり、燃え尽きてしまっては元も子もありません。

　また、仕事と一言で言っても、自分が得意な仕事もあれば、不得意な仕事もあります。あなたがやらなければいけない仕事もあれば、他の人に任せてもいい仕事もあります。そういうすべての仕事を自分1人で抱えて進めるべきなのでしょうか？

　効率的ではありませんよね。自分自身が苦手に思っている仕事を他の人にお願いし、得

自分１人では限界がある！
これならできる！
たすけて！

意なところで時間を使うほうが効率的なはずです。

実は、**協力者を増やしておくことが時短を語る上で欠かせません。**そしてそのとき、**「この人の頼みならしっかり応えてあげよう」と思ってもらう必要がある**のです。

実際、あなたのところに仕事を頼みにきた人が感じのいい人だったら、すぐにできる範囲の対応をしてあげようと思いますよね。感じの悪い同僚だったら、多忙を口実に断ることもあるのではないでしょうか？

要は、人の印象によって、対応そのものが大きく変わってくるわけです。

上司・同僚・部下から「最近感じいいよね」と思われるようになること。そのために、挨拶や笑顔などで印象を作っていきます。最初は気恥ずかしいかもしれませんが、3日も経てばまわりも慣れていきます。今日からぜひ、印象作りに取り掛かりましょう。

POINT

- 自分1人の力を上げたところで限界があると知ること
- 仕事には、あなたがやるべき仕事と任せるべき仕事の2つがある
- 「あの人の頼みなら応えてあげよう」と思われるように印象作りをしていこう

02 あなたの印象を真っ先に変える「挨拶」の身につけ方

★好印象だと思う挨拶とは何なのかを知る

「挨拶なんか、できて当たり前」だと思っていませんか？

実はきちんと誰もがきちんとやっていそうで、意外とそうでなかったりするのがこの挨拶です。

こちらから挨拶をしてみて、人がどう反応するかを確かめてみると、分かるかと思います。きちんと挨拶を返してくれる人もいれば、頭を下げるだけの人もいるのに気づくでしょう。

もしかしたら、あなたより先に相手から挨拶をしてくれる人もいるでしょう。

私がここまで「挨拶」にこだわるのには理由があります。

挨拶には、人の印象をガラリと変えられる力があるからです。

例えば、「なんとなく頑固そう」「生意気そう」と思っていた人が丁寧に挨拶をしてくれたとき、「いい人なのかも」と思った経験、ありませんか？

まさにそこがポイントです。ちょっとした挨拶で印象を変えることができると、相手から話しかけられることも増え、その後のコミュニケーションもとりやすくなります。

ここからはあなたが「挨拶」で好印象の人になっていけばいいわけです。

難しいことは何もありません。**「挨拶」をきちんとできるのが、あなたが変わるイメチェンの第1ステージとなります。**

★「この人、感じがいいよね」と思われる人はどういう人か？

上司には進んで挨拶をするものの、部下・後輩にはあえて挨拶をしない人とか、いませんか？

私の経験上、こういう人は少なくありません。

しかし、そういう人は実はかなりの損をしています。

本人は偉そうにしているわけではないと思いますが、進んで挨拶しないだけで偉そうにしていると誤解されてしまいます。話しかけにくさを与えているので、部下・後輩とのコミュニケーションの機会もどんどん少なくなります。

そうなると、部下・後輩はおおごとになるまで、ミスを隠そうとするかもしれません。仕事に支障をきたしかねないのです。

一方、部下・後輩に挨拶をしておけば、あなたに好感を覚え、仕事を任せるときに「あなたの期待に応えたい」と力を発揮してくれるはずです。

挨拶するかどうかで、仕事の質も大きく変わると、認識しておきましょう。

また、部下・後輩に限らず誰にでも気軽に率先して挨拶することです。

私は以前、店舗で働いていたとき、パートタイマーさんよりも真っ先に挨拶をしていたところ、パートタイマーさんから声をかけてもらう機会が増えました。

現場における課題や改善点を話してくれるなど、コミュニケーションの機会が増え、それによって仕事がやりやすくなりました。

何度も言いますが、挨拶一つで印象はもちろんのこと、仕事の質も向上します。

もし、毎日職場に通っているのであれば、**ドアを開けた瞬間に全員に対して「おはよ**

うございます」という挨拶をルーティン化することをおすすめします。

ぜひ騙されたと思って実践してみてください。

挨拶をして嫌がる人はいないので、間違いなく早いうちに効果が出るはずです。

大事なのは、**挨拶は印象をよくする近道でもあり、仕事の質をあげる近道でもあるということ**です。

★身近な場所でも感謝の気持ちで挨拶できる

では、ここでその挨拶を上手にやっていく簡単な習得方法をお伝えします。

よく利用するレストランやコンビニ、スーパーマーケットなどでお会計をするとき、あなたも「ありがとうございました」と声に出して言ってみてください。

また、レストランであなたのテーブルに料理を持ってきてくださった店員の方に、「ありがとうございます」と挨拶してみてください。

あなたがたとえお客さまであっても、店員の方々に対して感謝の気持ちで、挨拶をすることです。

なぜこれが重要かと言うと、**誰に対しても自然に挨拶をする習慣を身につけることができるから**です。

挨拶の習慣がないと、このシーンでは挨拶をするとかしないとかで区別しがちで、挨拶することにちょっとしたハードルを感じてしまいます。最初は恥ずかしいかもしれませんが、挨拶の効果が顕著に現れ始めると嬉しくなります。

あなたがやった丁寧な挨拶によって、お店の方々が喜ぶ姿を確認できるようになれば、もう上出来です。あなたは自然に誰とでも気持ちいい挨拶ができる人に変わっていくこと、間違いありません。

POINT

・職場にいる従業員を観察して、どんな挨拶が好印象なのかを知る
・客として利用する際にお店の従業員に対して挨拶をする
・部下・後輩に対しても率先して挨拶ができるようにする

03 あなたをすごく感じのいい人に変える「笑顔」の身につけ方

★顔の表情によって印象が変わることに気づく

笑顔ができなくて損をしている人は多いように思います。笑顔が少なく、ムッとした表情でいつも仕事をしていると、「いつもあの人、不機嫌だよね」などと上司や同僚から思われかねません。そういう表情を出し続けていると、あなたの印象はおろか、まわりの雰囲気まで悪くしてしまいます。

一方、いつも感じのいい笑顔を心がけている人が仕事をしていたら、まわりの雰囲気もよくなるものです。

では、あなた自身は現状、笑顔が多い人なのでしょうか？

まわりの人を見て一度確認してみましょう。**もし、笑顔がそれほど多くないと思ったら、あなた自身が笑顔の人に変わっていきましょう。**

「いきなり笑顔で接するなんて、気恥ずかしくてできないよ」

そう思うかもしれませんが、まわりが今までのあなたの違いに驚くのは一瞬だけです。日数が経過するとともに、あなたの明るい表情は定着して、職場全体が明るくなっていくに違いありません。

あなたの存在によって、チーム全体が風通しのいい雰囲気に変えていくような気持ちを持って仕事に臨んでください。

★あなたの笑顔がどんな感じなのか知ること

まず、具体的に明るい表情の笑顔を作るためにはどうしたらいいのでしょうか？

あなた自身が笑っている表情とはどんな感じなのかを知ることです。

どんな人でも、素敵な笑顔をする瞬間は必ずあります。

テレビのバラエティー番組などを見て笑っているときや、友人と一緒に居酒屋にいるとき、カラオケやボウリングなどをしているときは、きっとあなたが満面の笑顔で楽しんでいることでしょう。

では、あなたが楽しんでいるときの表情は、どんな感じか分かりますか?

こう聞かれると、「自分の顔は自分で見ることができないから分からない」と答える人がほとんどでしょう。

そこで、人から撮影してもらった写真などを見ておきましょう。

もしふさわしい写真がなければ、家族や友人にあなたが笑顔になっている瞬間を撮影してもらうのも1つの方法です。

身構えて写真を撮ってもらうのではなく、自然体で楽しんでいる瞬間を撮影してもらうといいでしょう。

それがあなたの素敵な笑顔を知ることにつながります。

★鏡を見ながら最高な笑顔を作っていく

笑顔の自分を知ったら、鏡を見ながらその顔を作っていきます。

口角が緩んでいるとか、目がぱっちり開いていないとか、歯が出ていないとか。

恥ずかしいかもしれませんが、写真に写っているあなたの笑顔を参考にしながら、とっておきの笑顔を作ってみてください。

ちなみに私はFacebookなどのSNSで発信する際は、自分の笑顔を自撮りモードで撮影して、投稿しています。投稿することで自分の笑顔をチェックすることもできますし、まわりの人たちの反応によって素敵な表情だと分かるかもしれません。

自然に笑顔が作れるようになれば、あとは日常生活のいろいろな場面でも自然に出せるように実践していきましょう。

ポイントは、コンビニ、レストラン、病院などで先ほどの挨拶と組み合わせてやっていくことです。日常でお買い物をするときや、レジでのお会計のとき、料理を運んでくれたときに店員に笑顔で接してみてください。

★笑顔に対するイメージを変える

中には、ちょっとムスッとしているほうが自分らしく、明るい表情の笑顔を振りまくのはガラじゃないと思う人もいるでしょう。

でもそれは違います。明るいムードに包まれている職場で働いていると、気分がいいものです。

大事なのは、相手からどう見られるかによって、あなた自身も働きやすくなることです。

今の自分に自信がないと、挨拶や笑顔を出すことがものすごく怖いかもしれません。

「今日から変わる」と決意をして笑顔を増やし、行動を変えてみましょう。

きっとあなたが日常から挨拶と笑顔ができる人になれば、笑顔でまわりを明るくするチームのムードメーカーにもなるでしょうし、間違いなく感じのいい印象に変わっていきます。

POINT
・あなたの笑顔を現在どんな感じなのか知る
・鏡などを使いながらあなたにとっての最高な笑顔を作っていく
・笑顔に対するイメージを変える

04 あなたを大きく飛躍させる「発声」の身につけ方

★上手な人の発声をマネしてみる

あなたは、声に自信がありますか？

「声なんて変えられないからしょうがない」と思っていませんか？

たしかに、声質を変えるとなるとその通りだと思いますが、**滑舌よく話すことを意識するだけで、あなたの印象はガラリと変わるものです。**

挨拶や笑顔とともに滑舌のいい発声を身につけられたら、どんな相手に対しても好印象を与えること、間違いありません。私はアナウンサーでもなければ、ナレーターでもありませんが、自分なりの工夫で十分改善を図れています。

実は、私も自分の滑舌が悪いことに長年悩んでいました。

例えば、「カナダ」と言っているつもりが「カラダ」とか「カアダ」と相手には聞こえるらしく、もどかしいと感じたことは一度や二度ではありません。語尾がハッキリしないなどのクセを友人に指摘されたこともあり、発声の問題は山積みでした。

どうやったらきれいな発声ができて、はっきりと滑舌よく話すことができるのか？　試行錯誤した結果、綺麗な発声ができるようになり、徐々に「きれいな声をしているね」と言われる機会が増えたのです。今では自信を持って話せるようになりました。

私がやってみて一番効果があったのは、**上手な人の発声をマネしてみること**です。特に、テレビのニュース番組でどのようにアナウンサーが話すのかを見ておくことです。アナウンサーが話した通りに自分も話してみると、いいトレーニングになります。アナウンサーになった気分で楽しみながらやっているうちに、丁寧かつスピーディーに話せるようになります。

とにかくできる人をマネしてみることが、意外と早く上達するコツです。

★スマホのアプリを使って自分の声を録音してチェックする

最近では、スマホの機能を使って自分の声をチェックすることもできます。

やり方としては、スマホの「メモ」アプリを開いたら、**音声入力のモードにして話した言葉がきちんと変換されるかどうかを確認するといったもの**です。

最近のアプリは、ものすごく精度が高くなっているので、はっきりと話すことができれば、かなり正確に文字変換してくれます。

そのため、アプリで正確に文字変換されていないのであれば、まだまだ改善の余地があります。どの言葉が正確に文字変換されていないのかをチェックしていけば、間違いなくあなたは滑舌よく話すことができるようになるでしょう。

やり始めのときは、正確に変換してくれないので、イライラするかもしれませんが、うまくいくまでの辛抱なので頑張ってください。

また、私がよく使っているのは、録音機能のついた無料アプリです。

私は「ＰＣＭ録音」というアプリを使っています。

アプリに直接自分の声を録音して、録音したものを再生することで、自分の声がどのように話しているのかをチェックします。

そこで分かるのが、自分の話すペースが速いのかどうか、抑揚があるのかどうか、ハキハキして話しているのかどうかです。

自分の声を聞くのは恥ずかしいと思うでしょうが、これもうまくいくまでの辛抱です。きれいな発声になっていけば、自分の声が好きになっていくでしょう。

ここまで見た目に大きく影響する、挨拶、笑顔、そして声という3つの項目について、お伝えしてきました。

この3つを変えることで、まわりの人たちにあなたの印象がすごく感じのいいものになるでしょうし、職場全体が明るくなっていく影響力が大きいものです。

ストレスになりやすい人間関係の問題も解消していくでしょう。最初はちょっと気恥ずかしいですが、慣れれば自然にやれるようになりますので、頑張ってください。

POINT

・上手な人の発声をマネしてみる
・スマホのアプリを使って自分の声を録音してチェックする
・挨拶、笑顔、声の3つを変えるとあなたの印象がすごく感じのいいものになる

05 厳しい環境でもポーカーフェイスで乗り切ろう

★近寄りがたい雰囲気を作らない

普段は明るくて感じがいいのに、職場モードになったら急に険しい表情に変わってしまう人、いませんか?

頑張っている証拠かもしれませんが、間違いなくまわりの人達があなたに声をかけにくい状況になっています。**近寄りがたい雰囲気を作らないためにも、つらい表情をいっさい顔に出さずに仕事をすることが大事**です。

一言で言えば、つらくてもポーカーフェイスの表情をつくることです。

つらい表情をしていると、つらいという感情に振り回され、まわりの人に対してついつい厳しい口調で話しがちになります。

しかも最悪なことに、話している本人は無意識のまま、相手に悪い印象を与えてしまっているのです。

・いつもカリカリして苛立っている人
・いつも仕事に追われて慌てている人
・いつも仕事に嘆いている人
・声をかけても不機嫌な顔をする人

頑張っているのに、近寄りがたい雰囲気を出すという悪循環にはまりかねません。

チームあっての職場であるため、誰か一人だけがピリピリしていると、まわりに及ぼす影響度は高まります。場合によっては、メンバーから総スカンを食らうこともあるでしょうし、気がつかないうちに仲間外れになっているケースもあります。

挨拶、笑顔、声を改善しても、職場での態度が悪ければ、せっかくのイメチェンも効果を発揮させることができません。

★心に余裕がなければステップアップにも影響することもある

上司は意外とあなたの仕事姿や表情などを見ているものです。

知らないうちにチェックされている、と思っておいたほうがいいでしょう。

近寄りがたい態度をしていると、「あの人には余裕がない」と思われてしまい、「これ以上、あの人に仕事を頼んだらパンクするかも……」と判断されかねません。

ここで、私の話を紹介しましょう。

ちょうど東日本大震災のときに、課長が病気で長期の休職となり、私は課長代行として、店舗のあらゆる指揮をしなければならない立場になりました。

正直に言えば、やったことのない仕事だったので、ものすごくつらかったのですが、絶対につらい顔はしないと決心して臨みました。

結局、半年後に自分が課長職に就任することになったのは、このときのことが影響しているのではないかと今でも思います。

こういったことはいつどこで発生するか分かりません。**厳しい環境でもポーカーフェイスで乗り切れるくらいの力量をつけておくといいでしょう。**

自分が働いてきたポジション以上のことをしなければならないので、どんな人でも間違いなく不安になるでしょう。

しかし、ここでグッとこらえて、あなたが気持ちいい雰囲気でチームのメンバーにプラスの影響を与えていたのならば、必ずチャンスが訪れるはずです。

任務をこなすことが前提になりますが、人は見た目の印象によって大きく左右されるので、**つらい表情を見せないことはとても大事なポイントになります。**それにポーカーフェイスを保って落ち着いて考えれば、十分にこなせると思えたりします。

頑張っているけれどあたふたしてしまい、「やっぱりあの人には、代行だと荷が重い」とみなされて、ステップアップできる機会を逃してしまった人も見てきましたので、十分気をつけて臨みたいところです。

そのため**忙しくても、笑顔でいるくらいがちょうどいい**のです。

★ピンチなときほど深呼吸で体をリラックスさせる

どうしても顔に出やすい場合は、つらいときに深呼吸したりして気分転換するのもいいでしょう。

　カチンとくることがあっても、深呼吸をして心を整えるだけでかなり抑えられるものです。

　私自身は、短気なところがあるので、よく心がけていました。

　若い頃は、車いす姿でも舐められてはいけないと思って、気合を入れて仕事に臨んでいました。本社だろうが、上司だろうが、無茶苦茶な命令をされたら、「ふざけるな」という態度を出したこともあります。

　今思えば情けないですし、恥ずかしい黒歴史になっています。

怒りを鎮めるために6秒数えるとか深呼吸

ピンチで心が落ち着かなかったら

気分転換をしよう

することで、少しは穏やかに変わっていくものです。

表情に出すか出さないかだけで、まわりからの印象は大きく変わります。

どうしても怒りが収まらないときは、その場から離れて、トイレに行ったり、自販機でコーヒーを飲んだりしても気分が変わります。

職場でつらい表情をしないだけで、人から気軽に話しかけやすい存在になり、頼りがいのある存在になるでしょう。

あなたの評判は確実によくなりますし、まわりのメンバーからも慕われる人になるでしょう。

POINT

・厳しい環境でも近寄りがたい雰囲気を作らず、ポーカーフェイスで乗りきる
・怒りを鎮めるときは6秒数えるとか深呼吸をすることで心を穏やかにする
・それでも怒りが収まらないときは、その場から離れてリラックスする

06 すぐに謝れる人になるだけで印象は変わる

★素直に謝る姿勢を身につけることが印象をよくする

仕事をしていてうっかりミスをしてしまうことは、誰にでもあることです。

もしあなたがミスをしたときに、部下・後輩に対して素直に謝ることができますか？

部下・後輩の場合は、どうしてもプライドが邪魔してしまい、素直に謝ることができない人をよく見かけます。

部下・後輩に恥ずかしいところを見られたくないとか、情けない姿を見せたくないとか、舐められたくないと思って、絶対に謝らない覚悟で仕事をしている人もいるでしょう。


私の経験では、ミスをした際にきちんと謝ったほうが、いろいろな面でプラスになると感じています。

部下・後輩からすれば上司の素直な人間性が伝わって、今後の仕事においてもスムーズにやっていけるからです。

ミスをしたら上司だけでなく、部下、後輩にも素直に謝る姿勢を身につけておいたほうが間違いなくあなたの印象がよくなります。

★部下や後輩に謝れる人になろう

私も主任になりたての頃、プライドの塊だらけの人間でした。

部下・後輩から何か声をかけられても、機嫌が悪い態度を見せたことがありますし、いつも忙しそうな顔をしてカリカリしていたこともあります。

人に負けたくないとか、舐められてはいけないとか、俺は上司だから立場が違うとか馬鹿なことを考えていました。

今思えば、そんな私にも優しく声をかけてくれた部下・後輩の皆さんには、本当に感謝をしていますし、逆に失礼なことをしたものだと今でも反省しています。

部下・後輩に対して謝れる人でないと、あなたの態度によって職場全体の環境がもの

すごく悪化してしまうからです。

誰もが気分よく働きたいと思っているのに、その働きにくい環境を作っている人物こそがあなたの存在になってしまうわけです。

逆に上司のあなたが部下・後輩に謝れるような環境であったら、もっと距離を縮めることができて、何かとお互いに仕事をしやすくなります。

★ピンチなときに助けてくれる人を作っておこう

忙しくなったときには、部下・後輩の力を借りなければならないこともあります。

上司との距離が縮まっていなければ、部下・後輩に仕事をお願いしてもイヤイヤ感がたっぷりでしょう。

仮に、いつもプライドが高くて、人に注意ばかりする上司がいたとします。

その際に上司がピンチだったとして、「この仕事、やっておいてくれ」と投げられたらどうでしょう？

「やっておきます」と答えながら、「ふざけるなよ」とか心の中で思う方もいるでしょう。

「上司が忙しいなんて知ったことではない」という気持ちになるものです。

一方、厳しい上司であっても、ミスをしたときに「申し訳なかった」と謝ってくれる人であればどうでしょうか？

上司がピンチな状態であったら、助けてあげようという気持ちになりませんか？

あなたがうまくいかないで悩んでいることがあったら、上司に相談してみたいと思うはずです。

仕事をしているのであれば、誰もが働きやすい環境でやりたいと思うのは間違いありません。

現在、部下・後輩に謝ることができないのであれば、今すぐにでも仕事のスタイルを変えたほうがいいでしょう。

謝れるくらいの人になっていけば、きっと誰からも慕われるようなリーダーになることができて、あなたの今後の活躍にもつながっていくはずです。

いかに味方を増やしていくかが、仕事のストレスを少なくし、楽しくやっていくための秘訣でもあります。

そして**仕事の効率アップという観点でも、謝れる人とそうでない人とでは大きな差ができること**を忘れてはなりません。

POINT
・素直に謝る姿勢を身につけることが印象をよくする
・上司・先輩と部下・後輩との距離を縮めることで働きやすくなる
・ピンチなときに助けてくれる人を作っておこう

第3章

「効率化」「省力化」でライバルに圧倒的な差をつけよう！

01 手帳に書く2つのメリット

グーグルカレンダーなど、スケジュール管理のアプリも充実していますので、手帳をそもそも持っておらず、アプリを利用されている方も多いかと思います。

使いやすいほうを使えばいいのでしょうが、私はやはりスケジュール管理は手帳を使うことをおすすめしています。

理由は2つです。

1つは、手帳に「書く」という行為が頭を刺激し、本当に大事なことが忘れにくくなります。

もう1つは、詳細を記入しておけば、何か問題があったときでも対応できるからです。

例えば、上司から急に過去の案件についてどうなったかを質問されたこと、ありませんか？

頭の中だけに留めておくと、案件については覚えていても、詳細までは忘れてしまいがちです。2、3か月前の案件だと記憶から抜けきっていることもあるでしょう。

そこで、手帳に分かりやすく記入されていると、上司の質問に即答できます。多くのことを書き込める点では、アプリよりも手帳のほうが便利だと私は思っています。

また、細かく記録をすることが後になって役に立ちます。「今回のA社の案件も、数か月前に完了した仕事と同じように頼むね」と上司から依頼されることもあるでしょう。手帳を開けば、だいたいいつ頃にその仕事をどう完了させたかが分かり、A社にも即対応できるわけです。意外とこういうところで、まわりとの差がつきます。

実は、きちんとした手帳管理ができると、それだけで誰からも「できる人」に見えるイメチェンにもなるのです。

POINT

・書く行為で大事なことが忘れにくくなる
・手帳に記入しておくと、上司から過去の案件を質問されたときに即答できる
・手帳管理が「できる人」に見える

02

手帳を使いこなすためのテクニック

★1日1ページの手帳だからその日の出来事をたくさん記録できる

市場にはいろんな手帳があって、ハンディなものから、大きいものまで、または有名な人がプロデュースしている手帳など、さまざまなものがあります。

どんな手帳にするかとても悩みますよね。

私のおすすめは、1日1ページごとになっているちょっと大きめの手帳です。

具体的には、カレンダーの欄にも記入できるスペースがあって、さらに1日ごとにいろいろと記入ができるようなものがいいでしょう。小さいハンディタイプの手帳や1週間1ページのような手帳の場合、1日あたりの書き込める量が限られてしまいます。

書き込める量を重視する理由は、**1つの手帳にいろいろな内容をすべて書き込んでおくほうが、後になっても助かることが多い**からです。

私は1つの手帳にこのようなことを書いていました。

・上司から言われた指示
・取引先様からのお約束
・何かと忘れてならない内容など

手帳だけを見ればすべてが分かる状態が望ましいので、1日1ページごとに書き込めるスペースがあるものを選ぶのをおすすめします。

★当日の仕事の優先順位を書き込む

具体的な書き方は、1日のスケジュールの中でやらなければならないタスクを一通り書き込みます。

手帳選びの参考に

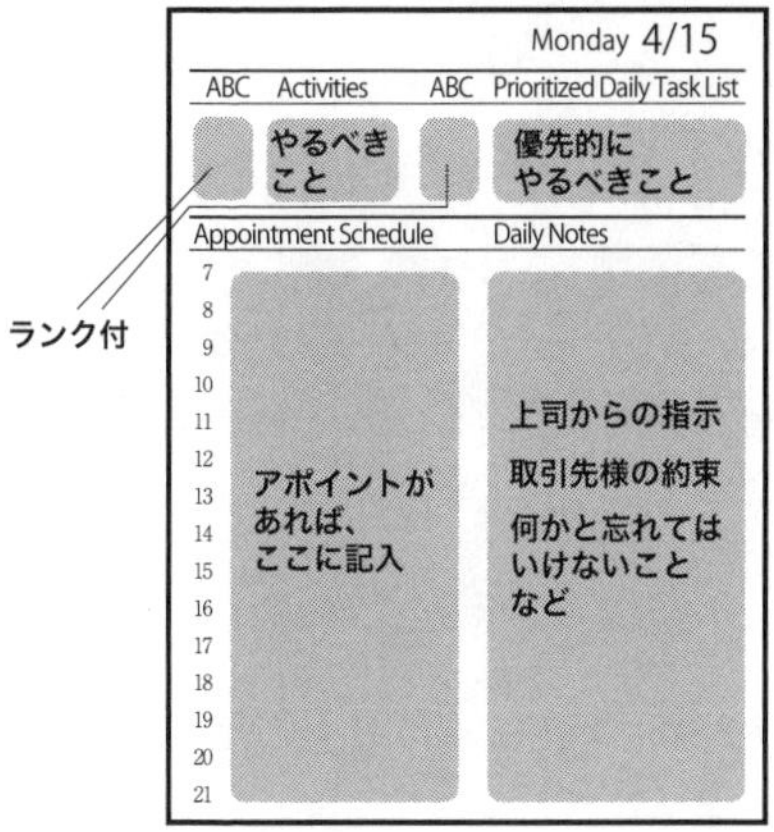

私は、フランクリンプランナーのオーガナイザーという手帳を愛用しています！

✓ 1日1ページごとになっている

手帳だけ見れば、すべてがわかる状態にしておけば、仕事の管理もバッチリ！

タスクの中でも、**最重要・緊急のもの（A）、重要なもの（B）、可能であれば本日中に行うもの（C）**などと重要度に応じて表記しておくといいでしょう。

注意しなければならないのは、重要だけど緊急性の高くないものをズルズルと延ばしてしまうことです。

よくあるのが、**重要だけど緊急性の高くないものを手帳に書かないで忘れてしまって、あとで大ピンチになること**です。

「あの仕事、忘れていた。どうしよう！」

気がついたときに、もし他のタスクと重なっていたら、あなた自身が対応できなくて、メンバーにお願いせざるを得ないでしょう。

手帳記入の例

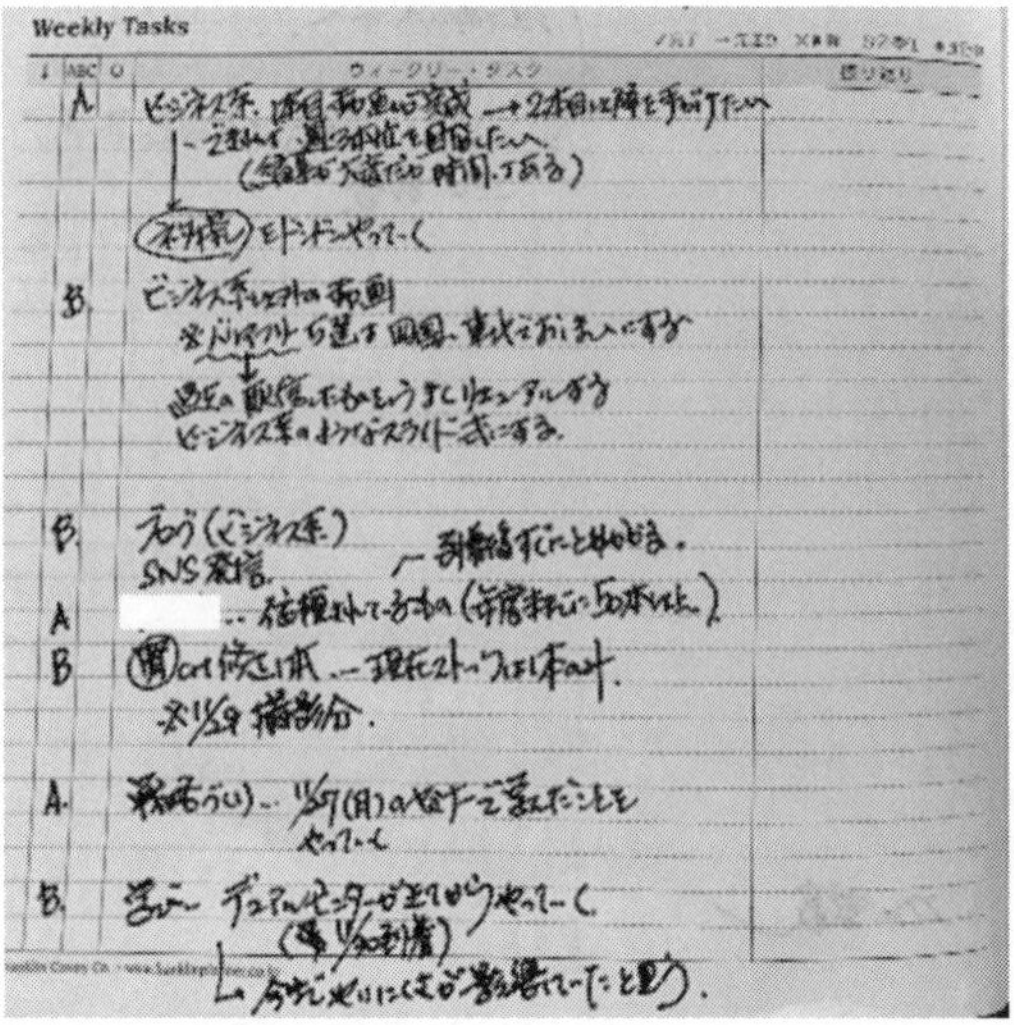

そうならないようにするためにも、「重要だけど緊急性の高くないもの」への扱いだけは十分対策していくことが必要です。今日はダメでも、明日ならできそうであれば、さっさとやってしまう計画を手帳に書き込んでしまいましょう。

さらに、緊急性が高くなくても重要なものを月間カレンダーに工程表のように書き込んでおくと、パッと見ただけでいつまでにやるべきなのか、意識できるでしょう。

★計画時と実施時の記入については色分けしておくと分かりやすい

タスクを終了した場合には、レ点（赤色）もしくは蛍光ペンで消していくような形がいいでしょう。

チェックすることで、終わったタスクと残ったタスクの見分けがつきます。

できれば黒色は計画時点、赤色は業務終了時点と色分けして書き込むと、どの項目が終わったのかをパッと見ることができます。私は、終わらなかったタスクにも印をつけて、て、翌日のタスクの中に、前日終わらなかったタスクを書き込んでいきます。

後日になって以前の仕事を確認するようになりそうな案件については、蛍光ペンで囲い込んでおくことで、何か見直す際にパッと見て分かるでしょう。

★簡単なメモ程度のものもできるだけ残しておこう

最近は個人情報保護の観点から、個人の手帳に残すことが禁止になっているので、注意が必要ですが、簡単なミーティングや電話のメモなども、手帳に書き留めておくといいでしょう。

手帳に書いて大丈夫な案件とそうでない案件をきちんと区別しておくことも大事なポイントです。

よく起こりやすいのは、毎日持ち歩きしているバッグをどこかに忘れてしまったときに、あとでバッグ自体は見つかっても、中に入っていた貴重品や手帳が盗まれてしまう危険性です。

その際に、他の誰かに見られてしまったら問題になるようなものは、はじめから書き留めないことです。具体的には、会社の業務における機密事項、お客さまや従業員の住所・電話番号などであり、紛失した場合は、就業規則の遵守事項に反したことになり、懲戒処分を受ける可能性があります。

そのことを注意した上で、手帳には、ちょっとしたことでも書き留めておく癖をつけると、あとになってとても助かることが多いものです。

それ以外には、手帳だけだと書き込む量に制限があるので、ノートを1冊持っておくと便利です。

ただし、**手帳とノートの2冊以外のところにメモしたり、記入したりしないこともポイントの1つ**です。

あとになって、どこに書いたかが分からなくなるようなことは避けましょう。

★手帳とノートの2冊の管理法

私はサラリーマン時代、手帳とノートの2冊をこのように使っていました。

・毎日のタスク、上司からの指示、お取引先様との約束などを書き留めるのは手帳

・会議の内容、教育を受けたりする際の内容は専用のノート

以前お伝えしたように、いざ上司から「あの案件どうなった?」とか言われたとき、パッと分かるためには、1冊の手帳に一元管理しておくほうが役に立ちます。

ちなみに手帳はフランクリンプランナーのオーガナイザーがおすすめです。

この手帳のいいところは、1日ごとにタスクを書き留めることが可能なところです。

ノートはコクヨのキャンパスワイド(表と裏が厚紙になっているリングノート)を使っていました。

厚紙になっていることでとても書きやすくなっていますし、ノートの質が高いため、

自分のマークをルール化しよう

A……最優先　　B……優先　　C……時間があればやる！

※最近、Cはほとんど使っておらず、AとB中心でBがCの意味に近づいています。

……最重要（指マーク）　　→……説明、解説（右矢印）

☆……重要（星マーク）

……覚えておかなければならないもの（マンガの吹き出しのようなもの）

……後で振り返ることもある内容については、蛍光ペン（黄色やピンク）で囲っておきます！

最後にその日が終わった後、振り返りとして赤ペンでチェックします！

✓……完了！　•……終わらず翌日以降に持ち越しの場合

➔……全く着手できなかった場合

ペンの書き味もかなり良好です。

その他の工夫として、**書き留めるときに自分用のマークをつけておく**といいでしょう。

ここは覚えておきたい最重要事項については、指マークをつけることにしています。

また◎、○、▲、△、☆なども使っています。

競馬新聞のように本命は◎、対抗は○のように重要度を分けています。

そしてどうしても押さえておきたいポイントは、~、↓の矢印も使っています。

記入したことがあとになっても、パッとみて分かるようにするためにマークをうまく使うと、とても役立つと思っています。

POINT

・1日1ページの手帳だと書き込めるスペースが多いので記録するのに最適
・当日の仕事の優先順位を書き込んでおくとミスを防ぎやすい
・計画時に記入する色と実施時に記入する色は分けておくとチェックしやすい

03 超高速で書き上げるためのライティングテクニック

★素早いライティングを身につける

仕事を速く進める上で欠かせないのが、素早いライティングです。

どれだけ素早く書き留めることができるかどうかが、仕事の能率をあげるポイントになります。

これはちょっとしたトレーニングでめちゃくちゃ速くなります。

私がよくやっていたのは、テレビ番組の『カンブリア宮殿』（テレビ東京系列）でゲストの話などをできるだけ速く書き留めていくといったトレーニングをしていました。

最初のうちは、書き留められないのでリモコンでストップボタンを押しまくりますが、慣れてくるとそれが少しずつ少なくなっていきました。ゲストの方々は、ビジネスで成功してきたノウハウをお持ちなので、勉強にもなり一挙両得です。

では、ここで私がこのトレーニングで身につけたノウハウを伝えていきましょう。

それは、**箇条書きでノートを取る際に、書道の行書や草書のような書き方をすることです。**

あくまでも私は書道家ではないので、正しい書道を書くことをお伝えするわけではありません。とにかく分かるのであれば、字を崩していきます。丸みを帯びた書き方をするほうが書くスピードが上がります。

多少ノートが汚く見えてしまいますが、人に見せるための字を書くわけではないのです。とにかく自分の字を読めるのであればそれでいいと割り切り、スピードを重視していきましょう。

★書きやすい筆記用具を探す

次に書きやすい筆記用具を選んでください。

書きにくいボールペンはペン先が硬く、書き続けると手が疲れてしまう傾向にあり、他の仕事に支障が出る可能性があります。

そのため、書きやすいボールペンを使えば、スピードが上がるだけではなく、そのほかの仕事も効率的に進められやすくなるので、多少費用がかかっても使いやすいものを選ぶようにしましょう。

私が長年使っているのは、ぺんてる株式会社が販売している「トラディオ　プラマン」という水性ペンです。万年筆のようにスラスラ書けるので、スピードを重視する人にとっては最高の1本です。

1本500円くらいしますが、替えインクは1本200円程度で、さほど高い買い物ではありません。間違いなく書くことにストレスがなくなり、仕事の能率がアップするので、損はしないはずです。

いろいろとボールペンを独自に試した結果、書きやすいボールペンの特徴として、「水性ペンで万年筆のような書き味のもの」があげられます。

ボールペン選びも時短化につながるので、ぜひともお気に入りのボールペン探しを行ってみてください。

超高速で書き留めることができるようになると、お客さまからかかってきたクレームの電話を受けるときや、会議の内容や上司の指示を書き留めるときなど、あらゆる場面でとても役立ちます。

ぜひこの機会にライティングのスキルを身につけてみてください。

POINT

- テレビを使ったトレーニングでライティングが速くなる
- 自分がわかればいいので、できる限り文字を崩してスピーディーに書く
- 書きやすいボールペンを選んでおく

04

ムダに気づいて「こうしたほうがラク」を見つけよう

★ムダ・面倒と感じるものをどんどん探してみる

「早く帰りたいのに、残業でいやだ」

「休日に出勤なんかしたくない」

「仕事が面倒くさいのでやめたい」

こんなふうに心の底から「もう嫌だ！」と叫びたくなること、ありませんか？

これがずっと続くと、余計にストレスがかかってしまうでしょう。私はとにかく面倒なことが嫌な性格なので、手間がかかるようなことを極力省くことばかり考えています。

しかも車いすに乗って仕事をしているので、健常者の方々に比べると、いろいろな仕事で時間がかかりやすい状況でもありました。

いろいろと試してわかったのは、**ムダと思われるものを徹底的に排除するとラクに仕**

事ができるということです。

まず、やっていただきたいのは、あなたの身の回りにあるムダと思われるようなことをたくさん探し出すことです。身の回りのムダなものや面倒なものに意識を向けると、意外と簡単に改善案が出てきます。

この改善案を出し続けたことで、車いすユーザーの私は、一般の健常者の人と仕事で戦えるようになりました。まさに効率化、省力化が大きな強みになったと言えるでしょう。ムダを省けるのでムダな動きがなくなり、身体の疲れも軽減します。

スピードアップによって残業時間の削減にもつながって早く帰れるようになります。

★「こうやったほうがもっと楽」とどれだけ思えるか

些細なことでもムダ・面倒と思うものをとにかく日頃から意識することです。

何かを取りに行くために、何度も立ち上がって歩いたりする回数はどうですか？

それが多くなればなるほど、時間がかかって、疲れたりするはずです。

例えば、コピー機に印刷した用紙を何度も取りに行くより、先にすべて印刷だけをしておいて、取りに行く回数を減らしたほうが数十秒の時間の削減につながります。

立ち上がって歩いたりする時間とまとめて印刷する時間を比べてどちらが速いか、疲れないかを考えていけばいいわけです。

また、印刷する必要がないものは手帳に簡単に書き込んだり、パソコンのフォルダにダウンロードしたりして、印刷自体の回数を減らすこともしていました。

紙が手元に溜まるのがものすごく嫌で、そのストレスから解放されたいと常々感じていたのです。印刷したものをファイリングする手間や、それを取り出す手間、廃棄する手間など、私にとっては紙によるストレスはいろいろとありました。

なかでも、**廃棄するための労力は看過できないように感じます。**何でも紙で保管すると机の中に、全く見ることのない紙がどんどん溜まっていき、廃棄する際に「これはいる、いらない」と選別する自体が時間のムダとなります。**印刷するものを極力減らすことは、かなり有効な方法です。**

また、ファイリングについても簡単に収納できるかどうかだけではなく、他で手間がかからないかも、見ておいたほうがいいでしょう。

例えば、ファイルに付属している袋に1枚1枚資料を入れるのは、お取引様などにお渡しするときだけにするなど工夫も大切です。資料を1枚1枚取り出すときも本当に面倒です。

また、廃棄をする際に、ファイルごと捨てられるのであれば便利ですが、中の紙と一緒に捨てることができず、分別が必要となり、ますます手間になってしまいます。

また、見栄えを気にして、いちいちネームシールを作るのも手間がかかります。よほど字が汚なくなければ、手書きのほうがものすごく時間の短縮につながるでしょう。

その場合は、ファイルに直接文字を書き込むのではなく、ファイルに付いてある紙に油性ペンで書けば、あとで再利用する際は、紙を捨ててまた別の紙を差し込めばいいわけです。細かいですが、こういう**小さな工夫も積み重ねていけば、ちりも積もれば山となり、大きな時間短縮につながります。**

あくまで私の事例を出しましたが、実際に身の回りにはムダだと感じるものはいっぱいあるはずです。

ぜひ固定観念にとらわれず、「これムダだよね」とかチームのメンバーと話し合ってみてください。

★改善の効果を計算して見える化する

1つひとつの小さなムダを見つけていくことによって、効率化や省力化が生まれます。

いくつかの具体的な事例を挙げましたが、大事なのはどれだけ削減できるかです。

例えば1日2分の時間のロスであれば、単純計算で1か月60分の削減になります。

1年を考えれば、12時間の削減になります。

このようにムダを省こうと考えることで、上司に「1年で12時間の削減になるので業務の改善につながります」と強く主張することができるでしょう。

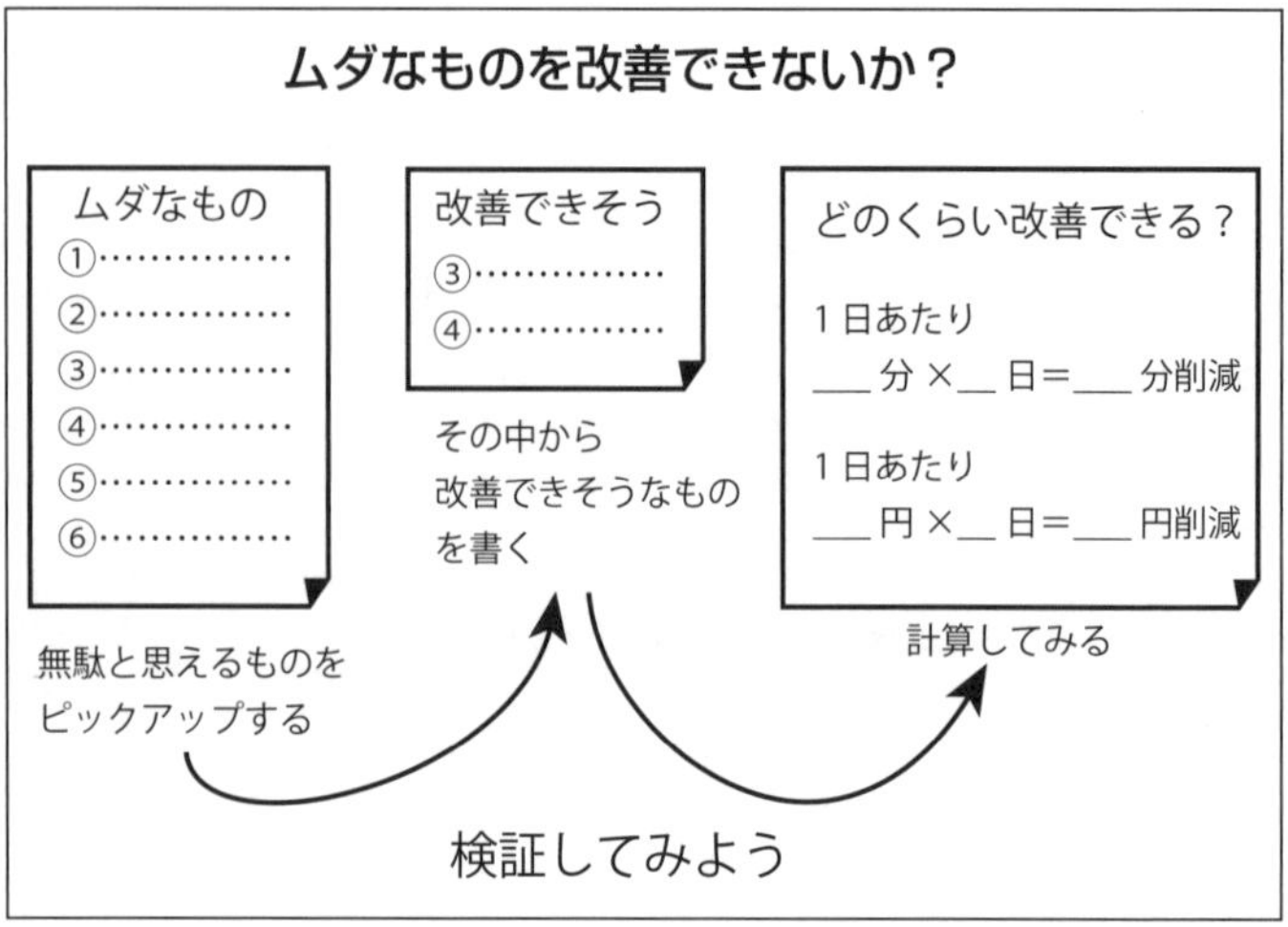

単に便利になった、ラクになったというだけでなく、人件費の削減、労働時間の削減などきちんと見える化にすることで、上司・部下・後輩にも説明しやすくなります。

以前、私が在籍した企業の店舗の中では、業務改善のアイデア大会のようなものをやっていました。先ほどのような計算を踏まえて実行し、どれだけの効果が生まれたかの検証結果を提出する大会でした。ワクワクして取り組んだ結果、事業所で実行件数1位として表彰されたことが自分のスキルを高めたきっかけにもつながったのです。

改善報告会のようなものを作って、多くの方々に参加してもらい、成果の上がった人に対して表彰するような仕組みを作れば、職場全体のやる気もアップするでしょう。

多くの人が楽しめて、生産性も上がって、やる気が上がる仕組みをぜひ作ってみてください。

POINT

- 仕事をしていて、ムダ・面倒くさいと感じるものを洗い出す
- 改善することで得られる効果を計算して見える化する
- 楽しめる改善にしていけば、職場全体が活気づく

05 キーボードを速く打てるだけで効率が上がる

★超高速に入力することができるだけで仕事が格段にはかどる

パソコンのキーボードの入力が格段速くなる方法があります。

キーボードの入力が速ければ、メールの送信や文書の作成など、あらゆる仕事の時間短縮が図れることでしょう。また疲労度も大幅に軽減できます。いちいちキーボードを見なくても、思うがまま入力することができ、イライラすることも少なくなるでしょう。

もし、キーボードを見ながら入力しているのであれば、この機会にブラインドタッチで入力できるようになることをおすすめします。

私自身も、はじめのうちは10分間で３００字程度しか入力できませんでしたが、トレーニングによって、一時期は10分間１３００字ほどの入力をすることができるようになりました。

だから**誰でも速く入力することはできるようになります。**

★ゲームソフトを使うと楽しみながらスピードが速くなる

ではどうやったらキーボード入力が速くなるのか？

基本は、ホームポジションと呼ばれる場所にきちんと決められた指を置くことです。左人差し指はFの位置、右人差し指はJの位置になります。FとJだけはキーの上に凹凸があると思いますので、ここがホームポジションになります。

あとはどの指がどこに動くかをマスターしてください。頭で覚えるというより、体に染みこませていき、自然と慣れるようなイメージまで練習することです。

慣れるまでとことんキーボード入力に臨んでほしいのですが、単にExcelやWordなどに入力するだけでは面白くなく、やっているうちに飽きてしまうでしょう。

飽きずに継続して習得していく方法として、ゲームソフトを使うやり方をおすすめします。

ソースネクスト株式会社から販売されている「特打」シリーズなどは、楽しみながらスキルアップができると思います。「ゲームソフトを購入するのがもったいない」と思いがちですが、仕事に役立つのであれば3000円程度でも安い買い物です。

楽しみながら頑張ることが、最終的にキーボード入力の超高速化につながっていきます。

★思い切って使いやすいキーボードを購入する

あとは、キーボードを入力しやすいものに変えてしまうのも1つの方法です。

パソコンの貸し出しが1人1台分ではなかった時代、私はノートパソコンと超小型のプリンターを購入して、会社に持ち込んで仕事をしていました。

今ではパソコンの持ち込みは、社内情報の観点から間違いなく禁止されていますが、入力しやすいキーボードを持ち込むのであれば、問題はないのではないでしょうか?

その際は、会社にOKかどうかきちんと確認をしてください。

わざわざ自費でキーボードを購入して仕事をするのは、もったいないような気がするかもしれません。ただ、**使いやすいキーボードとそうでないキーボードでは、仕事の効**

率において大きな差になり得るのです。

キーボードも機種によってさまざまですし、キーそのものにおいて大小もあります。入力するときの音が静かなものが好きな人もいれば、音が大きくなることで入力している気分を強く感じるものが好きな人もいます。

さらにキーを押したときの柔らかさを求める人もいれば、硬いものを求める人もいるでしょう。

会社から使いやすいキーボードを用意されているのであればいいのですが、そうでなければ余計にストレスが溜まってしまいます。

あなたが使いやすいキーボードに変えただけでも仕事の効率化が図れます。

家電量販店には、いろいろなキーボードがありますので、使いやすさをチェックしてみてください。

ちなみにおすすめのキーボードは、２０２３年6月に発売されて話題になった「ロジクールのMX KEY S」というキーボードです。

価格はちょっとお高めのキーボードですが、仕事の効率化にはもってこいのアイテムです。

今まで使っていたキーボードよりも、はるかに指にフィットする感覚で、使うのが心地よいのです。それだけでなく、入力ミスも少なくなり、入力スピードもアップしました。

また、キーボードだけでなく、マウスをはじめ仕事で使うアイテムを変えるだけで、仕事の効率化につながるので、ぜひいろいろとお試しされることをおすすめします。

使いやすい周辺機器を揃えるだけで、タイパが高くなって、疲労度も下がるのであれば、検討する余地はあると思います。

POINT

・超高速に入力することができるだけで仕事が格段にはかどる
・ゲームソフトを使うと楽しみながらスピードが速くなる
・思い切って使いやすいキーボードを購入する

06

どんな仕事でもスピードアップするたった1つのコツ

★持続するためにゲーム感覚で仕事をする

「仕事はスピードが命」だと上司に言われてから、どうやったらスピードアップできるかをいつも考えてきました。

しかし、スピードや効率ばかりを求めていると、ロボットのように仕事をこなしているような感覚になり、充実感を味わえず、疲労がたまってしまうこともあります。

仕事のスピードを上げることに集中していたのに、緊張の糸が切れるように元のダラダラした仕事スタイルに戻ってしまった人もいるかもしれません。

では、集中力を高めて仕事のスピードアップを持続させるには、どうしたらいいのでしょうか？

解決の仕方は1つ。**仕事のスピードを上げることにゲーム感覚をプラスすること**です。

私は子供の頃から負けず嫌いで競争が好きなタイプで、徒競走はもちろん、トランプやオセロなどの娯楽であっても同様でした。あなたが私と同じような性格であれば、仕事の中に競争を持ち込んでみることをおすすめします。

また、競争するのが好きではなくても、ゲームが嫌いでなければ、自分が楽しめる仕事の仕方を開発すればいいのです。

★参加者は自分だけのゲームを作ってしまう

仕事をするときにワクワク感を作り出せればいいと思いませんか?

「仕事なんてそんなにワクワクするものじゃないよ」

そう思う方も多いでしょう。だからこそ、勝手にゲームにして楽しむように仕事をすれば、成果をあげられやすくなるのです。

例えば、私には北関東地区の各店舗の人事総務課長（私の役職）として、本部に報告しなければならない案件がありました。

報告の期限は○月▲日と決まっていて、誰が報告したかは順次リストアップされていき、各店舗の人事総務課長なら誰でも閲覧できるようになっています。

ここですべきことは、期限に間に合うように調査をして報告をするだけです。正直な話、これだけでは面白くありません。

そこで、**北関東地区の40店舗の中で1番先に報告するゲームを勝手に作って臨んでいました。**

もちろん私だけのゲームで参加者は私1人で、「一番先に報告するぞ」という気持ちを持って仕事に臨んでいましたが、1位になるのは思いのほか、容易ではありません。

誰かに抜かされることも多々あり、「〇〇店の▲▲さんに負けた。悔しい！」と悔しがり、1位をとるにはどうしたらいいか、調査の方法を工夫したりして取り組んでいました。

このように**発想を変えて、ゲーム感覚で楽しくすることで、仕事をするのも面白くなりますし、優越感に浸ることもできるわけです。**

とはいえ、早く報告することだけが重要だと思っていると、報告する内容のクオリティが下がるので注意が必要です。

場合によっては、提出先から「きちんと中身のあるものを報告せよ」と叱られてしまうかもしれません。

クオリティもきちんと保っていないと例えば減点とか、これもゲーム化して実践していこうと心がけていました。そんなことを続けていくと不思議なことがあるものです。

本部や他の課長、いろいろな人から言われることがありました。

「あなた、いつも仕事の報告が早いよね。一体どうやっているの?」

「できる人」だと思われて、上司からの高評価がもらえるだけでなく、異動や昇進にも影響するかもしれません。

ゲーム感覚でやることで成果も出るし、ストレスも解消できるし、一石二鳥です。

★時計などを使ってタイムアタックをする

その他においても、ゲーム感覚で仕事をする方法はあります。

時計などを使ったタイムアタックゲームです。

例えば、ある仕事をするのに、いつも30分かかっているとします。

「今日は大会新記録を叩き出すぞ」

こんなふうに気合を入れ仕事のスピードアップを心がけて、スマホのストップウォッチ機能かキッチンタイマーなどでやり終えるまでの時間を測ってみるのも、面白いゲームになります。

25分でできるようになると、ものすごくやりがいを感じるでしょう。

自分の仕事の集中力が続かなくて悩んでいるのであれば、インターネットなどで安く購入できる30分の砂時計を使ってみるのも1つの方法です。砂時計というアナログなツールをあえて使うと、そこにもゲーム性が増し、スピードアップに十分つながります。

今やっている仕事を速くやり終えようと気持ちを上げるツールを用意するのもおすすめです。

時間を測ってタイムアタックするようなことを考えてみてはどうでしょうか？

★つまらない仕事ほどワクワクに変える方法を考える

仕事を面白くさせていくことが、単純な作業であってもストレスにならない方法だと

確信しています。車いすユーザーの私だからこそ、人に負けたくない気持ちが余計に強かったのかもしれません。

また残業をするのがとにかく嫌いだったので、就業時間内に仕事を早く終わらせたい気持ちでした。今日は夜の20時までに確実に仕事を終わらせなければならないと決めたら、人は必死に頑張るでしょう。

逆に、今日は残業する覚悟でいると思っている場合は、仕事のスピードは当然遅くなってしまいます。

そして残業することが何日も続いていくと、いつしか仕事がマンネリ化していき、スピード感のない状態になりがちです。

そうならないために、「残業せず早く帰って、家族サービスをしたい、トレーニングジムに行きたい」などと強く思うようにしましょう。

大事なのは、**発想を変えてマンネリ化を防ぎながら、仕事1つひとつを楽しむような気持ちで臨むこと**です。

こうしてワクワクした仕事のスタイルに変わっていきます。

やはりそのためには、ゲーム化していくことがポイントです。

1つの仕事を何分何秒でできたかというのも面白いですが、1時間の間でどれだけのルーティンワークができたかを記録してみるのも面白いです。

「今日は1時間で20個もできたぞ」と新記録を打ち出せたと思うと、単純なもので楽しくなりますし、ワクワクしてきます。

そのワクワクしたあなたの姿が、上司・部下・後輩にも影響力を与えます。

そのためにはあなたの仕事をもう一度見直してみるといいでしょう。

あなただからできるスピードアップの方法やゲーム感覚で仕事をする方法が、きっとあるはずです。ぜひ実践してみてください。

POINT

- 参加者は自分だけのゲームを勝手に作ってしまう
- 時計などを使ってタイムアタックをするゲームを作る
- つまらない仕事ほどワクワクに変える方法を考えてみる

07

身の回りで不具合となるものを徹底的に取り除こう

★身の回りの不具合は誰もが感じている

職場であなたの身の回りにおいて邪魔だと感じるものはありませんか?

「何でここにこの機械が設置してあるのか? 邪魔だよね」

「何でここに物を置いているのか? ここに置くと使いづらい」

「何でここにこの書類を保管しているのか? 別の場所のほうがいいのに」

探せばいろいろと出てきますよね。自分はすごく使いやすい職場で過ごしていると思っている人のほうが少ないでしょう。

それがあなたのストレスになっていませんか?

そう感じるなら、身の回りで不具合となるものを徹底的に取り除くことをおすすめします。うまくいけばかなりのストレスが軽減されるでしょう。

★不具合があれば進んで提案してみる

例えば、事務所1つとってみても、私にはいろいろと気になる箇所がありました。

・事務所自体が狭く感じる

・物の置き場などが高くて手が届かない、など

こういったことは、車いすユーザーの私だけでなく、健常者にとっても使いにくい環境になっていることがあります。事務所全体が狭いスペースな上に、各課のデスクとデスクの間の通路はかなり狭くなっていて、歩くだけがやっとのスペースでした。

この通路を車いすユーザーの私が通ると、「すみません、後ろ通りますのでよろしいでしょうか?」と毎回デスクにいる人に伝えなければなりません。

その度に、従業員はいすから立ち上がって、いすを動かします。私は毎回1人ひとりに「ありがとうございます」とお礼を言いながら、通路を通っていたことがありました。

でもこれは私だけではなく、立ち上がる人にとっても不具合そのものです。毎回1人1人に声をかけるのも、声をかけられて立ち上がるのも、両方とも面倒なケースです。

そこで上司にスペースの確保の提案とともに、スペースを確保した際に期待される効果を伝えました。

上司に感情で訴えても検討してくれないので、数字を使って説得力を出す必要があります。**不具合に対して時間換算をして、どれだけのロスにつながるのかを共有することで、上司を動かすことができました。**

・時間で換算すると、通路を通るために1人あたりに対応する時間が1回15秒×通過する場所の人数×1日に通過する回数の合計が時間のロスになる

↓

・組織全体で考えると、私だけでなく、私に対応する人数分だけ時間のロスになる

↓

・その時間のロスが、時給換算した場合、1日あたりいくらになる

↓

・さらに忙しいときに手を止めるようなことになれば、仕事の能率も下がる

身の回りで不具合なものをいかに片付けるのか、しっかりと考えるようにしましょう。

★物の置き場所においても場所を変えるだけで使い勝手が変わる

あなたの身の回りではどうでしょうか？

例えば、文房具置き場でも同様です。よく使うセロハンテープの台があって、チームのメンバーが共有で使っているとします。使う頻度が多いと、セロハンテープの台を何度も取りにいくために、立ったり座ったりしなければなりません。回数が多いのであれば、自分のところに設置してあるだけでスムーズになり、席から立ち上がる機会が大幅に減るはずです。**ポイントは、仕事をするのにスムーズにできるかです。**

★提案するのは勇気がいるものの、誰かが言い出さなければ改善できない

実はこのようなことを上司に提案するのは、意外と勇気がいるもので、不具合を声に出せないで我慢している人も少なくないでしょう。上司や経費責任者に言えば、「コストがかかるからダメ」などと、あなたの提案をすんなり受け入れてくれないかもしれません。

ただ、こういった不具合が解消されると、あなたの仕事はものすごくはかどるものとなるはずです。

私が店舗の経費責任者になったときにこんな経験があります。

花売り場のリーダーが私のところにやってきました。

リーダー：「課長、花用のハサミを購入していただけないでしょうか？」

私　　　：「花用のハサミはすでにあるから必要はないですよね」

リーダー：「左利きの人がいるのですが、右利きのハサミしか用意されておらず、右利きのハサミを使っています。でも使い勝手がよくないので、左利きのハサミを用意していただきたいと思って課長にお願いに来ました」

私　　　：「いくらするんですか？」

リーダー：「15、000円します」

私　　　：「そんなにするんだね。右利きのハサミではダメなんですか？」

リーダー：「左利きの人にとっては、左利きのハサミの方が仕事の生産性が上がると思います」

私　　：（一瞬悩んだ挙句）「分かりました。左利きのハサミを買いましょう」

了承したものの、もったいない経費を使ってしまったと思っていたところ、左利きのハサミが納品されてから、数日後にリーダーが私のところにやってきました。

リーダー：「課長に左利きのハサミを買っていただいたことで、左利きの人がものすごく仕事がやりやすくなったと喜んでいました。課長にありがとうございましたと伝えてほしいと言われました」

私は「わざわざそんなに高いハサミを購入する必要なんかないのでは？」と思ったくらいですが、左利きは世の中には10％の人がいます。

その人たちの困っていることに気がついてあげることができなかったことに反省すると同時に、自分とは違う人の気持ちに耳を傾けてみることの大切さを知りました。

ちなみに右利きの私があえて個人で左利きのハサミを買って使ってみたら、使いにくいことが分かりました。左利きの担当者にとって、右利き用のハサミがいかに不具合かにもっと早く気がついていれば、さらに生産性をあげることができたはずです。

そうした目線で仕事をしていると、身の回りの不具合を多く見つけることができます。

常に働きやすい環境にしていくためにはどうしたらいいかを考えてみてください。

ポイントは、何か成し遂げようと難しく考えるのではなくて、身近なところから気軽な気持ちで考えることをおすすめします。楽しんでアイデアを出すくらいがちょうどいいかもしれません。

きっとあなたの仕事ももっとスピードアップして効率化、省力化につながり、新しいやり方を提案したあなたが、まわりから賞賛されることにもつながるでしょう。

POINT

- 身の回りの不具合は誰もが感じている
- 不具合があるのであれば進んで提案してみる
- 勇気を持って提案してみることで職場全体が改善できる

08 書類は捨てるルールを作ろう

★3つの捨てるルール

あなたのパソコンのデスクトップは、ファイルで埋まっていませんか？

あなたの机の引き出しからすぐに必要な書類を取り出せますか？

必要に迫られたら、すぐに取り出せるようにしておくことが整理の基本です。

当然、仕事のスピードを速くするには、整理できている状態にしておく必要があります。

ここで私の3つの捨てるルールを紹介していこうと思います。

① 捨てる月を決めておくこと

まずあげられるのは、**「捨てる月を決めておくこと」**です。以前は、保管する期間を書いていましたが、捨てること自体を忘れてしまうケースがありました。

そこで**「捨てる月」を書いたところ、その月が来たら機械的に捨てられるようになった**ので、以後そのようにしています。

② 基本、1年間見なかったものは捨てる

何を残しておくべきか、捨てるべきかの判断がしにくいものがあるかと思います。そのときの基準になるのが、**「1年間見なかったものは捨てる」**というものです。

私の経験から言って、1年以上見ることがなかったものがその後必要になることはまずありません。どうしても不安になるのなら、

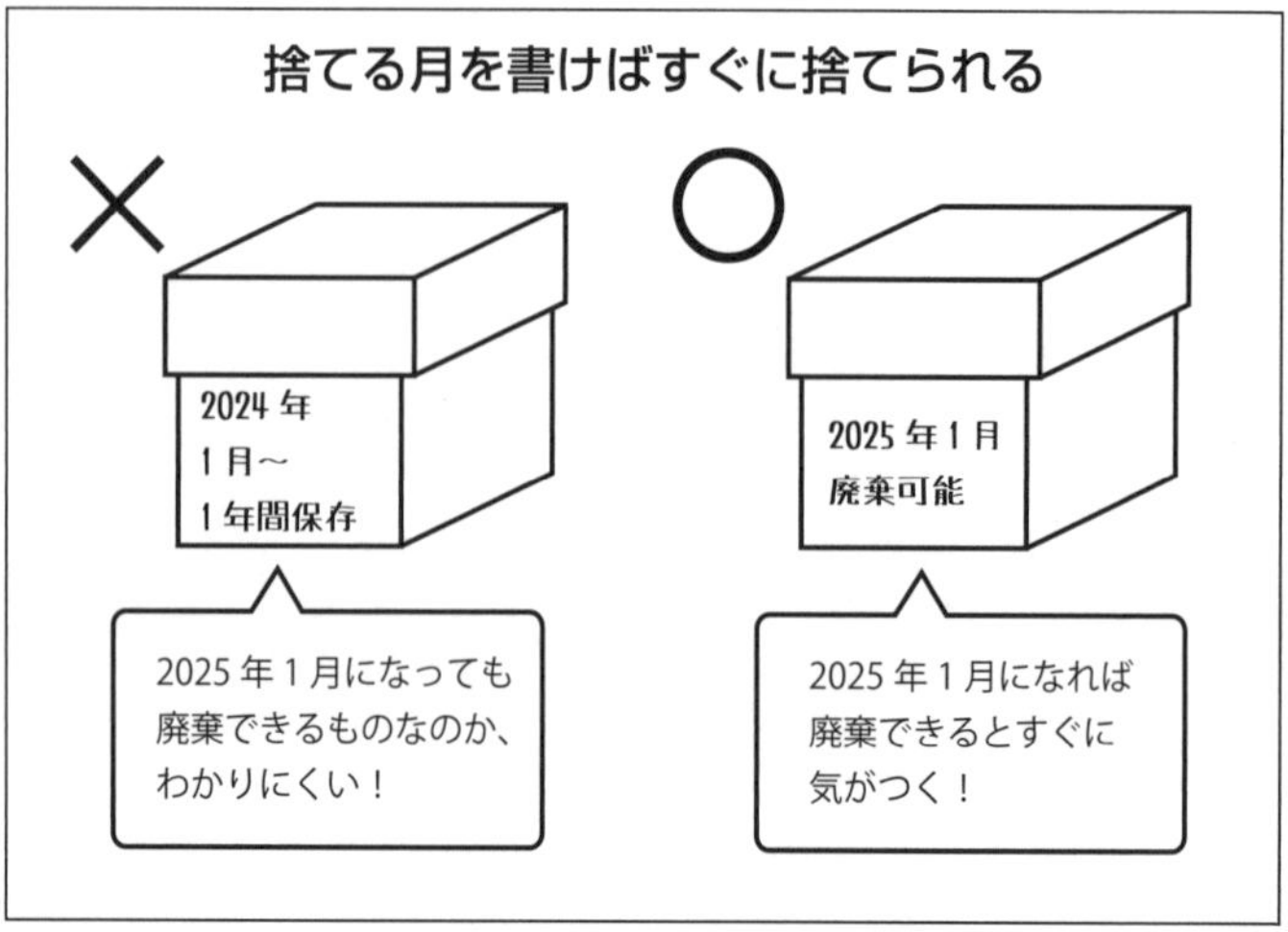

捨てる月を書けばすぐに捨てられる
×
2024年
1月～
1年間保存
2025年1月になっても
廃棄できるものなのか、
わかりにくい！
○
2025年1月
廃棄可能
2025年1月になれば
廃棄できるとすぐに
気がつく！

スキャンしてデータとして持っておくようにして、原紙は捨てましょう。もちろん、契約書・決裁書などの重要書類は例外で、捨ててはいけません。

③ 1か月に1度は、書類の掃除をする

ペーパーレスが進んでいるとはいえ、1か月もすれば、書類は溜まってしまいます。そこで、1か月に一度、数十分でいいので、書類の掃除の時間をとるようにしましょう。毎月第3月曜日の昼食後の1時間は書類の掃除をするなど、スケジュールに入れて進めていけばルーティンとなり、整理嫌いな人も苦なく整理できるようになります。いらないものを捨てておくだけで気分が晴れやかになり、仕事をする上で効率化につながります。毎月一度書類の整理をする時間を設けましょう。

POINT

・書類1つひとつに捨てる月を決めておく
・重要書類以外で、1年間見なかったものは捨てる
・1か月に一度、書類の掃除の時間を数十分とる

09 パソコンのファイルも整理整頓をしてみよう

★パソコンも机や棚と同じように考えて整理整頓をする

ここまで身のまわりの整理整頓についてお伝えしてきましたが、さらに仕事を効率化する際に、ぜひやっておきたいことがあります。

パソコンのファイルをきちんと整理整頓しておくことです。

デスクトップの画面全体にファイルを保存してしまう人をよく見かけませんか？

画面全体にファイルが点在していると、見た目がとても汚いので、まわりの人が見れば、ちょっとだらしない人のように思われてしまうこともあります。

また、見た目だけでなく、仕事の効率化を考える上でも大きな妨げにもなることを忘れてはなりません。あとになって該当のファイルを探すときに、ファイル名や保存場所を忘れてしまい、探すのにものすごく時間がかかってしまいがちです。

だからこそファイルの保存場所を明確にして仕事をするのは、とても重要なポイントになります。日頃からパソコンのファイルをきちんとジャンル別に保存しておくだけで、仕事がかなり速くなります。

★日付まできちんと押さえておくといつ仕事をしたのかも明確になる

では具体的にどうするのでしょうか？

絶対にやってはいけないのは、パソコンのデスクトップ画面にファイルを直接保存することです。ダウンロードしたり、自分で文書を作成したりしたら、どんどん該当するフォルダーに放り込んでおくようにするのです。ジャンル別にフォルダーを作るといいでしょう。

もし、どのジャンルに保存したらいいのかが瞬時に分からなければ、「一時ファイル置き場」というフォルダを作っておきましょう。

しかし、あくまで一時ファイル置き場なので、できるだけ早いうちに、新たなフォルダを作るか、ジャンル別のフォルダに移動するか、対応してください。

また、ファイル名は、後から検索したときにすぐに分かるように、名前をつけておくのもおすすめ。**名前には、できるだけ日付も残しておくと、あとになってファイルを開くときにとても便利**です。それだけでいつ頃に行った仕事なのかがすぐに分かります。

さらにファイルのデータを修正したときには、ファイル名に修正日を記しておくと、あとからどのファイルが最新版なのか、パッと見て分かりやすいです。

例えば「〇年×月×日修正」のように西暦の年月日で表記しておきます。

そういった工夫をしておくと、パソコンの中身が常に整理整頓されて、必要なファイルをすぐに見つけられるようになります。

★すぐに上司に返答できるくらいの心構えが大事なポイント

中には、上司・部下・後輩と1つのファイルを共有している方もいるでしょう。

その際、誰かに引き継いでもらうファイルがきちんとジャンルごとに整理されていなければ、引き継いだ相手に迷惑をかけることになります。

どこにあるか分からないファイルを探したりするのは、ストレスの何物でもありません。上司から「あの件、どうなったっけ？」と急にふられても、とっさに答えられれば評価を落とすことはないので、**ジャンル別のファイル管理は必須**です。

また、関係各署に発信する文書などもきちんとジャンル分けしておけば、次回使うときにすぐに該当のファイルを見つけることができて、時間短縮にもつながります。

そして大事なのは、**いらなくなったファイルは、ゴミ箱に捨てること。**

机まわりと同様にもう使わないものを溜めておくことが、何かと邪魔になりがちです。どうすれば仕事が速くできるのか常に考えてみると、いろいろと浮かび上がってくるに違いありません。毎日少しずつでもいいので、ぜひこの機会にパソコンのファイルを整理整頓してみることをおすすめします。

POINT

- パソコンのファイルを整理整頓しておくことが仕事のスピードアップにつながる
- デスクトップの画面には極力保存しない、今後使わないファイルはゴミ箱へ
- 後でファイルをすぐに見つけられるよう、わかりやすいファイル名と日付をつける

第4章

人に仕事を任せても喜ばれる方法を身につける

01

仕事を抱えすぎていませんか？

★得意・苦手な仕事をする上で4つに分類してみよう

あなたは、人に仕事を任せるのは得意ですか？

実は、多くの人が仕事を人に任せきれず、抱えすぎているように思います。そうなると、確実にあなた自身のパフォーマンスは低下していくでしょう。

そうならないために大事なことがあります。それは、得意な仕事と苦手な仕事をきちんと自分自身が把握して、どうやって進めたらいいのかを考えていくことです。

とは言ってもいろいろとあるので、下記のように仕分けしましょう。

①得意な仕事でありながら、自分がやったほうがいいと思うもの

②得意な仕事ではあるが、自分以外の人がやったほうがいいと思うもの

③苦手な仕事でありながら、自分がやったほうがいいと思うもの

④ 苦手な仕事ではあるが、自分以外の人がやったほうがいいと思うもの

昇進していくと、担当者レベルの仕事から主任、係長、課長レベルの仕事へと段階的に変わっていくはずです。1日の労働時間の中で、仕事の範囲が大きく広がることから、あなたの仕事を誰かに預けなければならなくなります。

役職が変わらないとしても、あなたが別の案件の仕事をしなければならない状況になったとき、得意な仕事も手放したほうがいいことがあります。そうしないとやるべき仕事が増え、1つひとつの仕事に磨きをかけることができなくなるのです。

そのためにもまず、**得意なことと苦手なことをきちんと自分自身が把握する必要があります。**①から④について考えていきます。

★自分が本当にやるべき仕事なのかを見極める

① 得意な仕事でありながら、自分がやったほうがいいと思うもの

まず①に分類されるものは、あなたの役職上で責務となる仕事になります。失敗するとクライアントやまわりに迷惑をかけてしまうので、現時点ではあなたが担当するのが無難です。

ただ、ゆくゆくはこういった仕事も部下・後輩など、別の人に任せることができれば、今後の仕事を円滑にやっていく上で必要なポイントとなりえます。

何でもかんでも「自分がやらねば……」と思っている人ほど、仕事量が過多となり、完全にパンクしてしまうことを忘れてはなりません。

もし、上司が人員のすべての仕事を管理していて、後輩に仕事を振ることでさえも上司の許可が必要なら、この辺の事情も説明して、上司に理解してもらうといいでしょう。

その際、一気に仕事を任せるのではなく、**仕事を少しずつあなたから部下・後輩へと移行していく形をとります。それが部下・後輩を成長させていくことになります。**

また、部下・後輩があなたから引き継いだ仕事でミスをすることもあると思いますが、寛大な気持ちで見守ってください。

うまくいかなかった場合は、すかさずフォローしてあげてください。

★あなたと部下・後輩がステップアップしていく上で手放したほうがいいもの

② 得意な仕事ではあるが、自分以外の人がやったほうがいいと思うもの

次に②に分類されるものは、仮に部下・後輩にやってもらっても大きな問題にならなかったり、比較的容易で部下にとって取り組みやすいものだったりする仕事です。得意だからあなたがやったほうが速いと決めつけて、②の仕事を続けてしまうと、あなた自身が成長しません。当然早い段階で部下・後輩に引き継いでいくのが望ましいです。

ただ、部下・後輩にやらせてみたところ、あなたよりも著しくスピードが遅く、イライラしてしまうことがよくあります。

「何でもっと速くできないのか」とか、「遅すぎる」とか、決して思ってもいけないですし、絶対に言葉に出してはいけません。

表情や言葉に出してしまったら、部下からあなたを見たときに「文句を言われるくらいなら、あんたがやればいいんだよ」と恨まれてしまいます。

そういう上司と部下の関係をよく見てきたので、**絶対にイライラしないと自分の中で決め、十分に注意をしてください。**

たまたまあなたが速くできるだけであって、人には得意もあれば苦手なものもあるわけです。温かい目でサポートしてあげてください。

部下・後輩があなたの仕事をやってくれていると思えば、感謝の気持ちが湧いてくると思います。

★習得するためにどう乗り切るか

③ 苦手な仕事でありながら自分がやったほうがいいと思うもの

次に③に関して、あなたの役職上、どうしても部下・後輩に仕事を預けることができないものがあるでしょう。

初めて役職に就いたり、また部署が変わったりして、とにかく初めてその仕事に取り掛かるものなどが③に該当します。

まず、**分かりそうな人を探し、どう進めていけばいいかをきちんと聞いておく必要があります。**

相手も自分の仕事で精一杯なわけですから、ものすごく迷惑がられるかもしれませんが、**真剣なお願いをして乗り切るしかありません。**もし、部下・後輩にその仕事が得意な人がいるときも同様、部下・後輩に仕事のやり方を教えてほしい旨を正直に伝えます。

相手に面倒くさいと思われても、部下・後輩の頑張っている様子を褒めていき、コミュニケーションを重ねていくうちに、徐々にあなたのお願いを聞いてくれるでしょう。

あなたがその仕事をきちんと覚えたら、その後は引き続き部下・後輩がやったほうがいいのか、それともあなたがやったほうがいいのかきちんと判断する必要があります。

④苦手な仕事ではあるが、自分以外の人がやったほうがいいと思うもの

最後に④の対処法ですが、こちらは次の項目でお伝えしていきます。

POINT

・自分が本当にやるべき仕事なのかを見極める
・得意な仕事でもあなたがステップアップするために手放したほうがいいものがある
・苦手ではあるが、やらなければならないものは、習得するための方法を考える

02 自分の苦手な仕事を部下・後輩にお願いする方法

★苦手であっても努力するスタンスを見せて教えてもらう

④ 苦手な仕事ではあるが、自分以外の人がやったほうがいいと思うもの

これについては、まず**できる人がどんな人であっても、教えてもらうこと**です。

そのときに大事なのは、教わる人が部下・後輩であれ、「教えてください」と丁寧にお願いすることです。

部下・後輩に舐められてなるものかと考えるあまり、偉そうに話してしまうと部下は心を開きません。食堂や休憩室などで「うちの上司は嫌だ、生意気だ、偉そうにしている」とか陰口を叩かれているのがほとんどです。

そうなるとこれからの作戦がすべて台無しになります。

部下・後輩に対して、フレンドリーな雰囲気にしていくことがおすすめです。先述したとおり、日頃からいい印象を作っておくと、このときに活きてきます。

そこでお願いする言い方は、次の通りです。

「○○さんは▲▲がすごくできるので、もしよろしかったら教えてくれませんか？」

相手を素直に褒めながら、「自分もやり方を覚えるよ」「頑張るよ」というスタンスを相手にいかに伝えるかがポイントになります。

お願いされた側は、「面倒だなあ」と思うかもしれませんが、きちんと相手を立ててお願いすれば、お願いされた側はあまり嫌な気はしないはずです。

なぜなら**褒められたら人はうれしいから**です。

覚えておくといいのが、**「すごい」「素晴らしい」「素敵」「さすが○○さん」**という褒め言葉です。自然に使えるようにしておきましょう。

また、「やり方を覚えるよ」「頑張るよ」というスタンスを見せておけば、部下・後輩だって教えがいがあります。こと細かく丁寧に教えてあげようという気持ちになりますし、たとえ覚えるのが少々遅くても一所懸命でしたら、「代わりにやってあげようかな」と思ってもらえるはずです。

★やってくれる人に対しての感謝の気持ちを伝える

「○○さんがやったらやっぱり速いですね」
「○○さんなら私がやるよりすごくできますね」
自分の同僚や部下・後輩であっても、相手を立てることでお願いすることの大事さはお伝えしました。

その次は、部下・後輩に対して感謝の気持ちを出すことです。苦手な仕事を部下・後輩がやってくれたら、素直に「ありがとうございます」と感謝の気持ちを述べてください。

もし感謝の気持ちを伝えないと、「時間をさいて手伝ったのに……」と残念がられ、次回以降、しっかりと手伝ってくれないかもしれません。

感謝の気持ちを伝えることによって、次回も頼みやすくなり、力を発揮してくれやすくなるということを忘れないでほしいです。

私は、経理業務の現金を管理する仕事は苦手でした。そのためできる部下を探して、その部下からいろいろと教わりました。

その方はもう亡くなってしまったのですが、感謝の気持ちを忘れずに接していたからこそ、いい関係が築けたと思っています。その方がそばにいてくれたことで本当に感謝しています。上司も部下・後輩も人として平等であり、対等のコミュニケーションをかわすことで、強固な協力体制が築けるのではないでしょうか。

繰り返しますが、**大事なのは、次の2点です。**

①とにかく頑張ろうとするスタンスを見せること

②お願いした部下・後輩に対しては、感謝の気持ちを述べること

苦手な仕事であっても誰かにお願いすることが可能になりますし、嫌な顔どころか、お願いされて喜ばれるようになるはずです。

POINT

・苦手な仕事があるのは当たり前。それをどうするかが大事
・苦手であっても努力するスタンスを見せて教えてもらう
・やってくれる人に対しての感謝の気持ちを伝える

03 教え方が上手な人だと思われることで信頼度をアップさせる

★上手な教え方はOJT

昔は叱咤激励といって許された行為でも、今はパワハラと認識されかねません。

それだけに仕事の引き継ぎを行ったり、あなたの代わりに仕事を頼んだりする際、教え方には細心の注意が必要でしょう。

逆に、教え方が上手だと、どんどん仕事を人に任せることができ、仕事の効率化や省力化が実現できるようになります。

それだけではなく、**教え方が上手な人だと思われることで、あなたへの信頼度をアップさせることだってできる**のです。

そこで、教え方が上手な人になるコツを伝授しましょう。

皆さんも聞いたことのあるOJT（オン・ザ・ジョブ・トレーニング＝職場内訓練）

のやり方を通して、教育していくことをおすすめします。

そのOJTを重ねていくと、上司・部下・後輩のコミュニケーションの質が向上し、強固な信頼関係を築くことができます。

まずは、「私の上司は教え方が上手な人」と思われるようになりたいですよね。

★OJTは4つの手順で進めていく

①**教える準備をする**
②**実際にやってみせる**
③**実際にやらせてみせる**
④**教えた後をみる**

という流れで進めていくといいでしょう。

まず①の教える準備をするときには、教える部下・後輩に何を教えるのか、教えたらどうなるのかなどきちんと事前に伝えて、意欲を高めてもらいます。

場合によっては、すでにある程度部下・後輩が知っていることもあるので、現在の習得状況などもきちんと聞いてみてください。

習得していることが間違っているのなら、自分が次の流れでやってみせて、どこが間違っているのかをきちんと指摘しましょう。

指摘すると言っても、あくまでも和むようなムードで進めてください。

ただ、ここで勘違いしてほしくないのは、適当でOKと言っているわけではありません。間違っているなら間違っていると、しっかり指摘することが大事です。

次に②の**「実際にやってみせる」ですが、あなた自身が部下・後輩の前で1つひとつの順番を話しながらやっていきます。**

ポイントとなる重要な箇所は、強調して伝えるようにしましょう。

相手にとって分かりやすくなるに違いありません。

この②をしないまま、口頭で一通り教えただけでは、まず伝わっていません。教えた側が教えたつもりになっているだけで、教えた相手の気持ちを考えずに進行していることになります。

できるだけあなたがお手本になって、教えてあげるのが鉄則です。

その間に部下・後輩がきちんとあなたの説明を書き留めているかを確認してください。何も記入をしないで記憶に任せているのであれば、「今度はあなたにやってもらうので、ノートをとっておいてくださいね」と伝えてください。

ある程度集中して聞いてほしいことも伝えるほうが、後々になって教えた側も教えられた側も助かるはずです。

肝心な③の「実際にやらせてみせる」ですが、ここで教えたことがきちんとできているかどうかを確認するようにしましょう。

★教えたままで放置しないこと

最後に④の「教えた後を見る」について、部下・後輩がきちんとできるかどうかを確認するのも上司としての責務だと思ってください。

教えた後に疑問を感じていたり、分からないことがあったりしても、一切の質問さえも許さないようなムードを出すのはＮＧです。

あなたにも経験があるかもしれませんが、上司が怖いと部下・後輩は相談しに行きにくくなってしまうものです。上司にここが分からないと言おうものなら、叱られてしまうと思い、勝手に判断して仕事を進めるといったことが起こり得ます。

修正されることがなく、間違ったまま覚えてしまうこと自体が大きなロスになります。下手をしたら、大きなミスにつながることだって考えられるのです。

人に教えるのは大変なことではありますが、このＯＪＴのやり方を習得すると、いろいろなベネフィットを得ることができます。

部下・後輩との関係作りに役立てられますし、教えることで自分のスキルを再認識することもできますし、何より効率アップにつながります。

是非ともＯＪＴのやり方の習得を目指していきましょう！

POINT

・ＯＪＴでやってみせる前に、教える意義を伝えておく
・実際にやってみせ、実際にやらせてみせる
・教えた後を見る

04

「先回り思考」で仕事が速くなる

★自分には落ち度がないかを考えるのが先

「なぜあの人は期限通りに提出物を出さないのか」

「あの人はやる気がないのか」

などと思ってしまったことはありませんか？

やり方までレクチャーして相手が困らないようにお願いしたのに、それに応えてくれないとなると、余計にカリカリして腹が立ちますよね。

場合によっては、相手を責めてしまうことだってあるでしょう。気持ちは分かります。

私の場合、過去にこんなことがありました。総務で仕事をしていたとき、期限通りに提出してくれない部署の主任たちがいました。きちんとやり方やルール、スケジュールなどを明記して相手に伝えていたのに、なぜ守ってくれないんだと思っていました。次第に腹が立ち、相手に対して「ルールを守れ」と怒鳴りつけたこともあります。

しかし残念ながら、怒鳴りつけたところで、今後、期限通りに提出されたかというと意外とそうではありません。挙げ句の果てには「あの人は反省していない」と思い込んで、毎回扱いに苦労するようなことになっていきました。

では、こういった場合、どのようにしたらいいのでしょうか?

人を責める前に先回りしてできたことはないのかを考えてみることです。

このような事態が続いたあるとき、私の上司からこんなことを言われました。

「全員が期限通りに提出できなかったのは、お前が任務を果たしていないからお前の責任だぞ」

そのとき、私は「何で私が悪いんだ。悪いのは提出しない方で、私ではない」とカチンときていました。その様子を見て、上司が一言。

「誰が提出していないかは関係ない。お前が期限までにまとめられなかったことに問題がある」

それを言われたとき、ものすごく悔しかった思いがあり、どうすればこの事態を免れられるのかをいろいろと考えました。

そこで自分自身に問うことにしました。

・発信する方法にミスはなかったのか？
・もっと早く連絡すれば変わったのではないか？
・期限が守れない人に対しては、どんな理由で提出が遅れたのか？
・期限を守れない人に対してサポートをしたのか？
・もっと分かりやすい連絡方法はなかったのか？

今まではメールのみで発信していたので、口頭で説明に行く機会も増やしたところ、「そういうことだったんですね」と正確に理解してくれる人が増えました。

提出物に関して苦手意識を持っている人に、細かくサポートすることによって、今まで嫌っていた相手のことを理解できるようになり、むしろ仲のいい相手に変わったこともあります。

それまでは発信が一方的で、相手のことを理解しようとしていなかったんだなと、思うようになりました。結果としてトラブルが激減し、期限通りに完了できるようになっていたのです。

大事なのは、**相手の思いを聞くことの大切さ**です。自分の固定観念だけで仕事を進めていたなど、往々にして独りよがりになっていることがあります。

相手にも気持ちがあることを理解しておかなければなりません。

相手の気持ちを知り、自分自身の行動を変える必要があることに気づいたことで、人に仕事を任せるスキルが身につきました。

たとえ、相手が動いてくれないなとストレスを感じても、相手を責める前に自分の行動を見直してみることです。まわりとのコミュニケーション力も上げることができ、仕事を任せられる人も増え、一石二鳥です。

POINT

・人を責める前に自分でもっとできることはないのかを考えてみること
・大事なことは、相手の思いを聞くことの大切さ
・人の数だけ人の悩みがあると言っても過言ではない

05 どんな人に対しても平等な目線で優しく接していこう

★どんな人に対しても平等な目線で優しく接する

今まで仕事でいろいろな人を見てきて思うことは、協力会社の方々に対して威張る人は少なくないということです。

「私の会社の人じゃないから」とか「協力会社だから私の言う通りに動けばいいんだよ」とか思っているようでは、人を見る目がありません。

いつどこであなたのためにサポートしてくれるか分からない存在でもあるので、間違いなく大切にしておいたほうが後々プラスになるでしょう。

どんな人に対しても平等な目線で優しく接することが大切です。

私は店舗全体の統括責任者である店長に次ぐ、人事総務課長というショピングセンターNo.２の立場であり、店舗における人事・総務・クレーム対応・建物の設備面などの管理をする責任者でした。ショッピングセンターという大きな規模なので、いろいろな会社が出入りし、何十名も店舗の中で働いています。

・建物全体の設備や空調などを管理する会社
・清掃を管理する会社
・店内や駐車場の警備をする会社
・ショッピングカートやお買い物カゴを運んでいるシルバー人材センターからの派遣従業員など

このような方々に対して、自分は課長だから協力会社のリーダーや担当者に対して偉そうな態度で命令する人がいて、なぜそんな態度をとるのか、とても不思議でした。

★どんな関係であろうと感謝の気持ちを忘れない

店舗で働いていれば、当社の従業員でなくても一緒の場所で働く仲間であり、仲間であればこそ、大切にしたいものです。

そして、そういう方といい関係を作るよう心がけることで、大いに助けてもらった経験があります。逆に言えば、いい関係を作っていないと、協力会社で働いている方々は、店舗内で気になることがあっても、口に出さないことも考えられます。

例えば、〇〇の場所が壊れかけているとか、トイレに不審者がいるとか、店舗で警備をしている人や、清掃をしている人以外では気づきにくいことをすぐに報告してくれて助かったことは何度もありました。

また、どうしたらいいかと相談することもありますし、彼らのおかげで、店舗の課題が浮き彫りになっていき、改善が進んでいったのです。

本当にありがたい存在ですので、旅行から帰ると必ず土産を持って各協力会社のリーダーの元に行き、「もしよろしかったら食べてください」と渡すようにしていました。

「課長、私たちに気を遣わないでください」と言われますが、私のほうこそ旅行に行ってきたときぐらいは、日頃の感謝の思いをお返ししたいという気持ちになるわけです。

★縁の下の力持ちになっている人をきちんと見ておく

協力会社の方々であっても、店舗をよりよくしようとして頑張っている縁の下の力持ちの存在でした。

長々と私の経験を語ってしまいましたが、**自分のために頑張ってくれている人を見逃さないことが重要なポイントの1つになります。**

あなたのまわりにはそういった方はいませんか?

意外といつも忙しそうにしていると気がつきにくいことかもしれません。少しでも偉そうに接しているのであれば、すぐにでも考えを改めたほうがいいと思います。

どんな人に対しても平等な目線で接することができれば、必ずあなたのために助けてくれる方々も増えていくでしょう。

POINT

- ・どんな立場の人に対しても平等な目線で優しく接する
- ・相手が協力会社の従業員だろうと感謝の気持ちを忘れない
- ・縁の下の力持ちになっている人をきちんと見ておく

06 困っている人を助けてあげて信頼される存在になろう

★人の声に耳を傾けることが雰囲気のいい職場環境につながる

仕事をしていると、ついつい自分のことだけで精一杯になっていませんか？

まわりがどのような仕事をしているのか分からないなんてこと、多くありませんか？

大事なのは、まわりのメンバーの中にはピンチなのに誰にも「助けて」と言えない人もいると知っておくことです。**困っている人を助けてあげて信頼される存在になってください。**

ここまでいろいろとお伝えしたように実行していけば、あなたが忙しい際には誰かに仕事をお願いすることができるようになっているはずです。

あなたと部下・後輩との間に良好なコミュニケーションが取れていると思いますが、そのとき部下・後輩の表情がどのようになっているか気づくことも大切です。

あなたの部下・後輩が抱え込んでいるストレスもあなたのそれと同様と考え、各々ストレスのない職場環境を作ることを考えていきましょう。

★労働組合の活動をしてから組織の見え方が変わった

私自身、入社してから10年くらいは、自分のスキルをあげることだけを考えていた時期がありました。

きっかけとなったのが、労働組合の活動に参加したことです。私は労働組合の方々が会社の労働環境をよりよくしていくために頑張っている姿を見ていましたが、私自身は自分の休日を返上して、労働組合の活動をしたいとは思っていませんでした。

何度か誘われたもののいつも断ってばかりでした。

しかし、店舗の改革をしていく上で、労使が一緒になって盛り上げていく機会があり、誰も手を挙げる人がいなかったことから、なぜか私がやることになってしまったのです。

さらに、店舗の支部の代表として労働組合の会合に出席したとき、私のことを全く知らない労働組合の関係者からなぜか担ぎ上げられ、支部長兼茨城エリアの副議長に選出されてしまいました。

各店舗の従業員と一緒にイベントをやったり、従業員のお困りごとを聞きに行ったり、ときには選挙の応援をするために選挙カーの前で演説をしたり、多忙を極めましたが、誰かのために頑張りたい気持ちがどんどん強くなっていったのです。

決してやらされ感ではなく、自然に誰かをサポートしたりすることで、自分自身も楽しくなっていき、喜ばれたりすればもっと盛り上げていきたいと思うようになりました。

そういったことの積み重ねによって、自分の仕事スタイルが大きく変わっていき、その経験によって部下・後輩ともに働きやすい職場を作っていこうという気持ちが芽生えました。ちょうど3年間だけ労働組合の活動をしましたが、私にとっては自分が変わる大きな経験をさせていただいたと思っております。

★人のために活動するようになると自分がリーダーになったときに役立つ

39歳で店舗の人事総務課長という立場になった際も、単に責任のある立場の課長職であるというより、店舗にいる総勢250名以上の従業員の皆さんと一緒に店舗を盛り上げていきたいという気持ちになりました。

私の経験論でお話をしていますが、**意外と労働組合の活動やボランティア活動をしてみるとかの経験があると、人に優しく接したいと思うものです。**

そういった気持ちを持てるようになると、冒頭にお伝えしたような職場で困っている人がいたら、なんとかしてサポートしてあげたいと思うのでしょう。

つらそうな表情をしていたら「大丈夫？」と声をかけるだけでも、部下・後輩にとっては温かい上司や先輩と感じるに違いありません。

上司や先輩のあなたが、誰かがピンチなときでもお互いをサポートし合えるような風通しのいい職場環境をぜひ作っていってくださいね。

きっと部下・後輩の方々にとって喜ばれる上司や先輩になるはずです。

POINT

- 人の声に耳を傾けることが雰囲気のいい職場環境につながる
- 労働組合の活動をすると組織の見え方が変わる
- 人のために活動するようになると自分がリーダーになったときに役立つ

第5章

上司を味方にすれば仕事が速くなる

01

あなたの上司に対するスタンスを変えてみる

★なぜ上司の評価を上げることが大事なのか

あなたにとって、上司に対するイメージはどのようなものですか？

いつも頼もしくて、優しく接してくれる上司ですか？

そういった上司だったら、このままずっと自分の上司でいてほしいと思いますよね。

しかし、現実はそうではないケースがほとんどではないでしょうか？

「上司なのに、知らないことが多すぎる」

「上司なのに、頼りない」

「上司なのに、足を引っ張っているように見える」

など、あなたのストレスの元凶になっているケースも多いかもしれません。

ただ、**「上司だから何でもできて当然」と思っていることがそもそも間違いだと考えて、**

上司へのマイナスな気持ちを抑えることが大事です。

というのも、上司といい人間関係を作って評価を上げておくと、**仕事のスピードが格段に上がるから**です。

上司のことが好きになれないと思うかもしれませんが、上司との関係をよくしたほうが絶対に得します。上司とうまくやっていければ、話が通りやすくなるので、スムーズに仕事ができ、仕事の効率化につながります。

一方、上司との関係がうまくいかないままだと、あなたのやりたいことに対していちいちちゃもんをつけられたり、反対されたりするので、ストレスも溜まるでしょう。

どちらがいいかは明白ですよね？

間違いなく前者でありたいものです。

そこでどうしたら現状の人間関係を改善できるのかは、待っているだけでは変わりません。**あなたが上司の感情を動かしていきましょう。**

★あなたから先に上司へ寄り添ってみる

有能な上司か、無能な上司かで、あなたのキャリアが大きく変わってくると思ったら、なんだかがっかりした気分になりませんか？

たとえ上司が無能であっても、しっかりとしたキャリアを積んでいけるようにしたいところです。そのためにやるべき原則は、**あなたの上司に対するスタンスをこの機会に変えてみること**です。こういうと、中には「ダメなのは上司なのに、なぜ私が変えなきゃならないの？」と思うかもしれません。

しかし、**どんなときでもうまくいく鉄則は、「自分が変われば相手も変わる」という順番**です。相手から先に変えてほしいと思っているうちは、いつまで経っても何も変わりません。それだけ人を変えるのは難しいのです。

あなたが上司に対するスタンスを変えていけば、どのような上司が着任した際でもコミュニケーションがうまくいくやり方を実践することができるでしょう。

まず、上司のスタンスに寄り添っていき、自分の中に受け容れる気持ちで接してみることです。

その上司ができる人かどうかではなく、どういうスタンスで仕事をしているのか、どのように考えているのかを探っていくのです。

具体的なやり方は次項で紹介します。こうして、上司の目指している仕事のスタンスに合わせていけば、あなたをかわいがってくれる存在になっていくでしょう。

★上司との橋渡し役を買って出る

また、どんな上司であれ、チーム内に味方がほしいと思っているものです。

役職についている上司の場合、他のチームメンバーと立場が違うので、どうしても孤立してしまうことも考えられます。なんだかよそよそしかったり、遠慮していたり、そんな職場環境になっていることがよくあります。

そこで誰かが橋渡し役になると、チーム内のムードは一気に変わるでしょう。

お互いにモジモジしている関係をあなたが変えてください。

そのときのポイントは、どれだけ言葉を交わせるかです。

上司と個別ミーティングの機会をいただき、チームに対して思っていることを話してみてもいいでしょう。その他、仕事で分からないことがあったら、「相談に乗ってください」と声をかけてみてもいいと思います。

こうして、話す機会が増えてくればくるほど、お互いが身近な存在になっていき、親近感が湧いてくるはずです。

今までは嫌な奴と思っていたのが、とても親近感のある上司になっていく可能性もありますし、あなたがピンチなときに相談に乗ってくれるかもしれません。

意外とお互いが知らないからうまくいかないだけだったりします。まずは一歩踏み出してみることから始めてみませんか？

上司であっても決して悪いところばかりではないですし、いいところも間違いなくあるはずです。

POINT
・上司にとっても苦手なことがあると認識しよう
・上司に対するスタンスをこの機会に変えてみる
・あなたから上司へ寄り添ってみる

02

評価を上げるためにこれだけはやっておきたいこと

★相対評価で勝ち抜くにはどうしたらいいのか？

上司からの評価の良し悪しによって、ボーナスの査定額が大きく変動します。

上司からの評価があまりよくないと、「自分は好かれていないのではないだろうか？」「正当に評価してくれていない」と余計なストレスを抱えてしまいがちです。

だからこそ、**上司からの評価を少しでも上げておきたいもの**です。

そこで評価の仕組みをまず考えてみましょう。あなたが頑張ったら頑張った分だけ、高評価にしてくれるのであれば、何の気苦労もありません。

しかし、実際はそうではないことがほとんどです。会社制度は、「全員、頑張ったから、全員、A評価にする！」という評価を下せない仕組みになっているからです。

他の従業員と比較されて評価が決まる相対評価を導入している会社がほとんどです。

たとえ10人のメンバーがほぼ同じような実績だったとしても、その中で上位ランクや普通ランクと明確に区別され、仕分けられてしまいます。

ここで考えておきたいのが、どうやったら上位ランクをゲットするのか？

心がけておきたいポイントは、大きく2つあります。

1つは、あなたができること、得意なことを思いっきり披露しておくことです。

「あなたの得意なこと」をとことん伸ばして、誰がみても明らかに「人より抜きん出ている」と思わせることです。

他の人よりできるあなたの姿は、間違いなく上司の印象度を高くすることでしょう。

もう1つは、できるだけ不得意なことで評価を下げない行動をすることです。

人はネガティブなことほど、記憶に残りやすい点があるからです。

人が採点する以上、見た目や生活態度などが減点対象になることも考えられます。

このようなことで評価を下げてしまうのは、実にもったいないことです。

その2つに気をつけていけば、あなたは評価され、優秀な人と判断してくれるでしょう。

★見られているのはあなたの仕事に対するスタンス

先ほどの2つのためにぜひやっておきたいのは、いつでも「チャレンジする気持ち」を見せることです。

組織の中で仕事をする上で欠かせないのは、目標に対してどれだけ頑張っているかどうかです。

目標に対して結果が良ければ問題はありません。いい結果ではなくても、努力したという証が上司に伝われば、「頑張ったね」となりやすいからです。

では、どういったことを心がけていったほうがいいのでしょうか?

なるべくネガティブなことを発言しないことです。どうしてもうまくいかないとネガティブな気持ちになり、ついつい愚痴などを発してしまいがちです。

ただ、「もうダメ」というネガティブな雰囲気を醸し出すと、そばで見ている人は、「この人、本当にダメだ」「この人、限界みたいだ」と感じてしまうでしょう。

たとえつらくても、職場の雰囲気を明るくしていくことが、人間関係をよくする秘訣になります。

「ここを乗り越えられれば、きっと楽になる」

「今は苦しいけれど、頑張ればきっとノウハウが身につくからあとちょっとの辛抱だ」

「上司も大変な思いをしている。だから我々も頑張ってついていこう」

ネガティブな言葉を使う代わりに、チャレンジの気持ちを言葉にしていきましょう。

相対評価という仕組みの中で、あなたの存在感をアピールするのは、どんなときでもやる気があって、苦しくても立ち上がるような姿です。

大事なので繰り返しますが、**あなたの頑張っている様子を人がどう捉えるかどうかがカギを握ります。**

そのためにもこの後の章で、どうやったら人の印象に残って、仕事をやりやすくするかを細かく解説していきます。ぜひこの機会にコツをつかんでくださいね。

POINT

- あなたができること、得意なことを思いっきり披露していくこと
- できるだけ不得意なことで評価を下げない行動をすること
- いつでも「チャレンジする気持ち」を見せ、ネガティブなことを発言しないこと

03 相手の喜ぶことに目線を変えて行動してみる

★上司がどんな性格の人なのかをつかむ

どうやったら人間関係をうまくやっていけるのか?

仕事のストレスのほとんどは、人間関係だと言われており、多くの方が問題意識を持っているでしょう。

特に、自分の仕事をスピーディーに片づけていくには、上司の対策は大事です。

それは、**あなたの態度によって、他人の感情を上手にコントロールしていくこと**です。

「催眠術師じゃあるまいし、そんなことができるわけがない!」と思うかもしれません。

たしかに、初対面の人や全く接点のない人の感情を変えることはできませんが、職場の人間であれば、あなたの行動次第で、他人の感情をコントロールすることもできます。

まず、あなたにとって**対象となる人をとにかく観察してください。**

どんな性格なのか、どんな仕事が得意なのか、どんな仕事が不得意なのか、どんな趣味があるのか、いろいろと探ってみることです。

会議での発言や雑談はもちろん、仕事の姿勢などを見ていくと、上司・部下・後輩、さらにクライアントがどのような性格で、どんな価値観を持っているのかがつかめてくるでしょう。

そうなると、

「可能な限りお金をかけない提案のほうが喜ばれる」
「クオリティよりも早めに提出することのほうが喜ばれる」
「自分との共通点として同じ趣味がある」

など、どのようにすれば相手とうまくやっていけるかが見えてくるでしょう。

それを知っているのと知らないのでは、仕事のやりやすさが大きく変わります。

また、そういう情報をつかむまで、いろいろな失敗をするかもしれません。それでいいのです。なぜ失敗したかを考えることで相手への理解が深まるからです。

実は、私も部下から総スカンを食らったこともありますし、上司から説教を受けた経験もありますが、それによって相手が何を望んでいるのかを正確につかむことができました。

相手との仕事をやりやすくするために、相手の性格や価値観を知り、それに合わせて実践していくことが大事です。

★相手の気持ちになって仕事をしていくとうまくいきやすい

では具体的にどうやっていけばいいのでしょうか?

1つ目は、人はどうしても感情というものに揺さぶられるので、上司がうれしいと思うことに目線を変えて行動してみましょう。

難しいように思うかもしれませんが、上司がうれしいと思うことを上手に考えて行動できれば、間違いなく嫌がられることは少なくなるでしょう。

その結果、あなたのストレスも緩和されていくに違いありません。

まずは上司とうまくやっていくために、ひたすら人間観察をしていくことです。どんなことをされたら喜ばれるのかが分かったら、あとはどう実践に結びつけていくか戦略を考えましょう。

2つ目は、あなた自身が普段人からどのようなことをされたら、うれしく感じるのかを考えてみてください。

あなた自身、どういうことをされたら気持ちが動いたかを棚卸ししてみるといいでしょう。

- **人からされてうれしいこと**
- **人からされて嫌なこと**

この2つだけでも、きっといろいろと出てくるはずです。

自分が人からされてうれしいことや、自分が人からされて嫌なことは、相手も同じように感じるものです。

例えば、スーパーマーケットの食品レジ（有人レジ）を想像してみてください。

あなたは2つの列のどちらに並ぼうか迷っています。

どちらのレジも行列ができ、ものすごく混雑していますが、Aのレジでは店員さんがテキパキとスピードよく対応してくれているのに対し、Bのレジはやや店員さんのレジ打ちスピードが遅いようです。

あなたはどちらに並びますか？

間違いなくテキパキと対応してくれるAのレジの店員さんでしょう。

当たり前ですよね。

では、こちらはどうでしょうか？

・レジに入ると「カゴをここにおいてください」と忙しそうな顔つきで笑顔のない店員さんがいるCのレジ

・「恐れ入りますが、こちらにカゴを置いていただけませんか？」と丁寧な話し方で、笑顔で迎えてくれる店員さんがいるDのレジ

もちろんDのほうで会計を済ませたいと思う人のほうが多いでしょう。

食品レジの対応1つで、お客さまが感じる印象はものすごく変わるということをつか

んでほしいのです。

レジの店員さんの例も会社員も変わりません。

上司・部下・後輩など相手が求めるスピード感、丁寧さ、笑顔などに気づくことが大事です。

POINT

- あなたの身の回りにいる周囲の方々の人間観察をする
- 上司・部下・後輩がうれしいと思うことに目線を変えて行動してみる
- あなたが普段人からどのようなことをされたら、うれしく感じるのかを考えてみる

04

上司の上の人の価値観を知っておく

★忘れがちな上司の上の存在

あなたに上司がいるように、当然、あなたの上司にも上司がいます。上司の上司があなたを評価してくれたら、あなたの上司の評価も上がり、あなたと上司の関係もよくなっていくでしょう。ときに上司が横暴なことをしたら、あなたをかばってくれたりします。

もし、上司をしっかり観察し、どのような価値観でどう仕事を進めているのかが分かったら、ぜひ上司の上のこともしっかりと観察することをおすすめします。

まず、次の観点で価値観を探ってみてください。

① 納期はどれくらい重視しているか?

② コストはどれくらい重視しているか?

③プロセス重視か、結果重視か？

もちろん、クライアントから頼まれた仕事で、例えば「納期は重視しないから、高品質なものを作って」などと求められている仕事の質は変わっていきます。

ただ、**その人の基本となる価値観は存在しています。**納期やコストはやはり品質との兼ね合いで考えられることが多いので、仕事を提出したとき、常にどのくらいのものを求めているのか、その傾向をつかんでおきましょう。

また、とにかく結果を出すことを求めている人なのか、プロセスもきちんと確認する人なのか、特に会話にその傾向が現れます。プロセスを大事にする人は成功や失敗に限らず、プロセスを1つひとつ確認します。そのあたりもチェックしておきましょう。

POINT

- 上司だけでなく、さらにその方の上司との関係も築いておこう
- 上司だけでなく、さらにその方の上司の価値観も探ってみよう
- 価値観に合わせて仕事をし、報連相をしていこう

05 上司の感情をコントロールする「根回し」のコツ

★日頃からの上司とのいい関係性を構築しておく

上司の感情をうまくコントロールすることができれば、上司の感情に左右されることもなくなり、仕事の効率アップする上でも大事です。

その際に身につけたいスキルが「上司への根回し」です。

「えっ、根回し？　そんなの必要ないのでは？」と思うかもしれませんが、実は根回しのスキルがあると、上司を味方にすることができるので、仕事でのストレスは大幅に緩和します。

今だからこそ根回しは必須のスキルと言っていいでしょう。

例えば、同じミスでも、上司は人によって態度を変えるものです。

部下のAさんには、「今回は仕方がない」とかで済んでしまうのに、部下のBさんに対しては、「なんでミスを起こしてしまったのか！　いい加減にしろ」と強い剣幕で怒るようなケースです。

もし、あなたはAさんかBさんかどちらかになれるとしたら、どちらがいいですか？

誰もがAさんのように注意で終わるほうを選ぶでしょう。

なぜこのような違いが発生するのかと言えば、日頃におけるあなたと上司との関係性を築いていく以外に、**根回しをしているかがものを言ったりします。**

Aさんは事前にXという仕事の進捗を上司に伝えた上で、「このように進めてもいいですか」と上司に確認をとっているのに対し、Bさんは上司に全く報告せずに仕事を進めてしまったという背景があったりするのです。

こういう根回しがあるかないかで、上司の態度が変わってくるものなのです。

★上司を味方につけておくことでストレスの緩和になる

あなたは部下・後輩の仕事ぶりを把握しているとします。

その部下・後輩が何かのタイミングでたまたまミスをしてしまって、あなたに対して

「すぐに対処致します。ご迷惑をおかけして申し訳ございません」と言われたらどうしますか？

「今回のミスは仕方がないから、次回はお願いしますね」とかで済ますのではないでしょうか？

もちろん、コンプライアンス的な大きな問題に発展した場合はそのようにはいきませんが、日頃より仕事の状況などを的確に報告してくれる部下に対して、軽微なミスであったら怒鳴るようなことはないでしょう。

逆に、何の報告も相談もしない部下がミスをしたら、あなたは先ほどの部下のAさんに注意したように、寛大な気持ちで終わるでしょうか？

それともBさんに対して激怒したように、「報連相（報告・連絡・相談）を怠るなど普段の仕事ぶりが悪いからミスが起こってしまった」と、頭に血がのぼってしまうでしょうか？

答えは出ていますよね。

決して不真面目に仕事をしているわけでもないのに、報連相がないばかりに、仕事への姿勢がよくないとか誤解を招いてしまうこともあるでしょう。

また、「この仕事、この進め方でいいでしょうか？」とこのように上司に確認して、解答を求めている以上、万一失敗しても、強く怒れないところがあります。

ある種、上司を協力者に仕立て上げているわけですから、何か進展があれば報告するなどといった**根回しの行動は、上司をうまく使っていくために行うものでもある**のです。

根回しは、上司をあなたの味方につけるためにすることと、割り切って行うといいでしょう。

POINT

・日頃からの上司との良好な関係性を構築しておくことを考える
・上司を味方につけておくことでストレスの緩和になる
・上司を大切に思う気持ちを持って、ちょっとした気遣いへの工夫などができる

06 仕事納期をきっちり守って上司の期待を超えるコツ

★提出の仕方にもコツがある

今まで上司との人間関係との作り方やコミュニケーションの取り方などを紹介してきました。実際にどう上司と仕事の連携をとっていくかを紹介しましょう。

上司が「仕事をやりやすい」と思ってもらえるように、取り組む必要があります。あなたも日頃、上司から「これ、いついつまでにやっておいて」という指示を受けているでしょう。

もちろん、納期までに終わらせられればいいのですが、そのためのプロセスが非常に大事になってきます。

よくありがちなのは、納期前日に上司に提出をして「1からやり直してくれ」と言われることです。今までその仕事に費やしてきた時間が無駄になってしまいますので、絶対に避けておきたいところです。

とはいえ、何度も上司に「これで間違っていないか」と確認しにいくのも面倒かと思います。

そこで、その**仕事の納期を確認したら、それまでに最大2回上司に確認するというように、自分の中でルールを決めて取り組む**といいでしょう。

★提出のルールを作ろう

その際、次のことを採り入れることをおすすめします。

① 言われた納期よりも前倒しで提出できるようにする
② どのタイミングで2回確認するかを決める

例えば、上司からお願いされた仕事の納期が2週間後だとします。

「上司が設定した納期当日に間に合えばいい」

こう考えてしまうと、緊急の仕事が入ってきた場合、そちらに対応を取られ、上司の仕事が遅れかねません。イレギュラーなことがあっても対応できるように、**上司が設定した納期よりも5日前に自分の納期を設定しておきます。**

もちろん、物理的に5日前が無理な場合もあるでしょう。「提出は3日後」と言われた場合であっても、前日には提出しておきたいところです。

また、どのタイミングで確認するかもあらかじめ決めておきます。週に一度、朝ミーティングのような機会があれば、そこで「絶対に進捗確認をする」と決めておくなど、日にちを設定してそこまで何割くらいまで終わらせておこうと決めるのもいいでしょう。

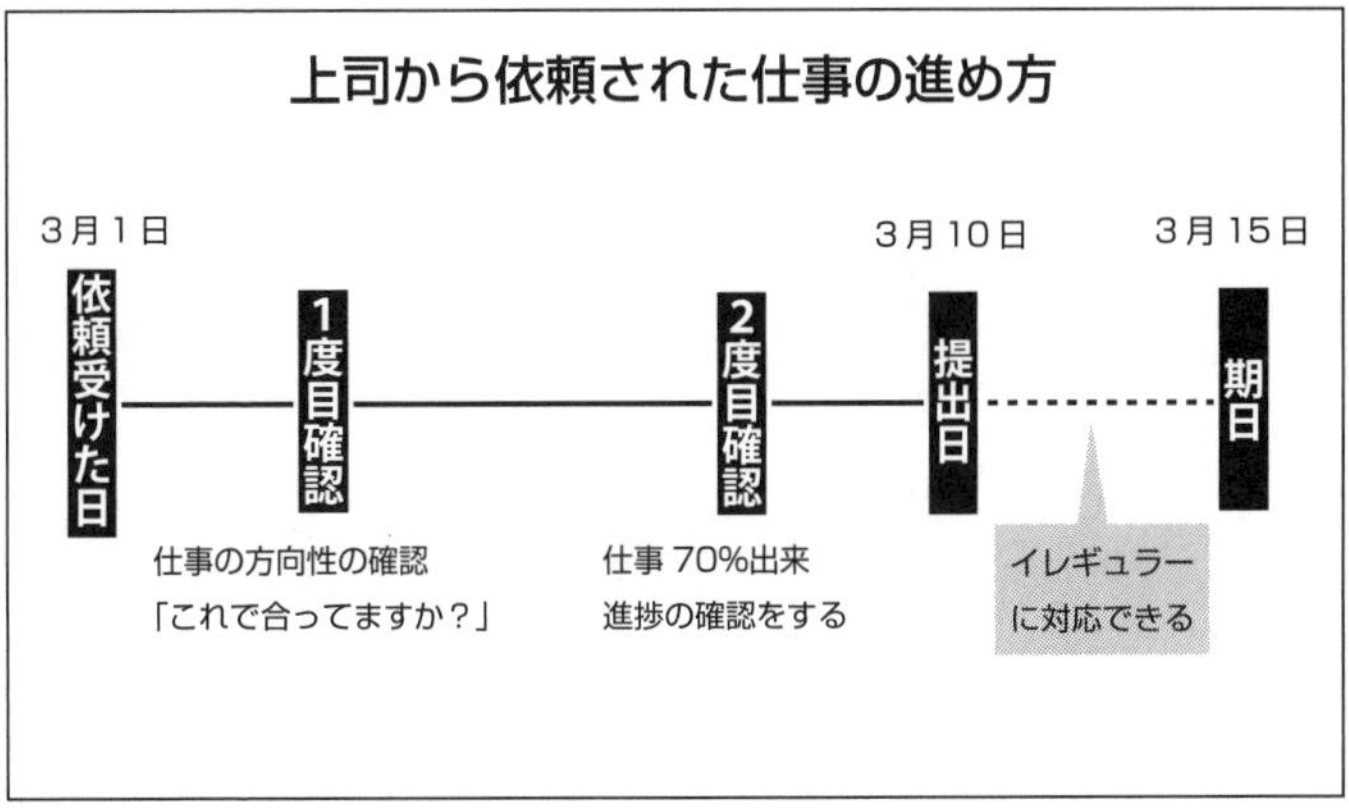

ただ、納期間近にしかミーティングの機会がないことも考えられます。自分の納期を設定したら、「今日から◯日後に確認」などといったように、スケジュールに入れておいてください。

★確認のタイミングとは

まず、**頼まれたらすぐに少しだけでも進めてみること**です。指示を受けて取りかかったものの、「あれ、ここはどうなっているんだっけ?」と疑問に思うことがあります。大事なことを聞きそびれることもあるでしょう。

その際は、すぐに聞きにいくことです。そして20%の出来でいいので、一度「この方向で間違いないでしょうか?」と確認しておきましょう。

面倒に思うかもしれませんが、仕事を受けて早々に確認することに意義があります。最初の認識が間違ったまま進めてしまうと、それだけ修復するのが難しくなるため、ぜひとも早々に確認してもらいたいものです。

二番目の確認は、**全体の7割程度ができた段階でしておきましょう。**すでに方向性の確認をしているので、大きく変えることはまずありませんが、「ここは変えてくれ」などと上司から細かい修正の指示が入ることもあります。その指示に沿って修正を加え、自分が設定した納期に提出していくという流れです。

もちろん、ルーティンワークを上司に頼まれたとき、いちいち確認せずに進めてもかまいません。

上司から「あいつに仕事を任せれば安心」と思ってもらえるよう、**上司からの仕事をどのように提出していくのかのルールを作ることが大事**です。

このルールが確立し、しっかりと上司の要望に応えたものを常に提出できるのなら、それだけであなたの評価は上がり、上司との関係も良好になっていくはずです。

POINT

- 上司からの仕事の提出ルールを作っておこう
- 納期よりも前倒しして提出を心がけよう
- 方向性と7割程度の出来で、2度は上司に確認してもらおう

07 上司のサポーターになろう

★上司のピンチこそあなたの出番

上司のピンチこそあなたの出番と考えるようにしましょう。

具体的には、上司自身が苦手だと感じている仕事や、ピンチに遭遇した場合こそ、部下のあなたがすかさずフォローする気持ちで向かうことです。

そして重要なので繰り返し言いますが、**ピンチなときに相手をフォローすれば、やがてあなたがピンチになったときに助けてもらえる**のです。

だからこそあなたの行動が大事になってきます。

仕事をしているとミスが起こしたりすることはありませんか?

そんなときは誰もがメンタルがやられるくらい落ち込むのがほとんどでしょう。

上司とのつながりが強ければ、上司があなたのフォローをしてくれるありがたい存在になる場合もあります。

また、上司をフォローしておくと、あなたのステップアップにも影響する可能性があるからです。

チームの中にはあなた以外にも部下がいるはずです。

ズルい言い方に思えるかもしれませんが、上司への気遣いができる人だからこそ、今後のステップアップにおいて後押ししてくれるかもしれません。

だからこそ常日頃からの上司とのつながりを綿密にしておくことが、きっとプラスになります。

★あくまでフォローしようという気持ちで臨んだほうがいい

どのように対応していったらいいかですが、上司にとって何が得意か、何が苦手かをきちんと把握しておく必要があるので、日頃からきちんと観察しておくといいでしょう。

苦手にしている表情や、ピンチな様子を感じたときには、すかさずフォローに入る姿勢で上司に声をかけてみてください。

状況によっては、上司から邪魔扱いされるかもしれません。

そのときは、「そばで見ていてとても大変そうに感じましたので、もし私でよろしければお手伝いいたしましょうか？」と声をかけてみましょう。

フォローしようとする気持ちで接すれば、上司はあなたに対して心を開く可能性があります。

ただ、フォローする際に注意しておきたいのは、あなたが上司の苦手な仕事をフォローしてあげたとしても、「私がやってあげた！」と絶対にアピールしないことです。かえって上司から嫌われてしまいます。

例えば、上司の報告書を作ったとします。

上司が大変そうだったので、まとめたのはあなただったとしても、上司が作ったようにして、各々の部署に発信するべきです。

あなたが作ったのだから、あなたの名前をドーンと出したい気持ちがあるかもしれませんが、ここは控えて上司の名前でいきましょう。

もしここであなたの名前で発信したら、プライドの高い上司なら、あなたの存在を恨んでしまうかもしれません。

それは上司が苦手であることを、多方面にアピールしてしまうことになります。

大事なのは、**あなたの功績をまわりにアピールすることではなく、あくまで上司のサポートをするような黒子に徹すること**です。

サポートしていくにつれて、あなたがとても頼もしい存在となって、高評価につながっていくはずです。

他にもメリットがあります。**上司・部下・後輩をサポートできる人というのは、意外とチームでも大事な存在になります。**

あなたの仕事のスタイルが、上司の仕事まで目が行き届いていることを上司が感じることが大事なのであり、それはチーム全体を引っ張っていく存在としても頼もしい存在であると示すことでもあります。

どうしても忙しく仕事をしているとまわりの人たちの存在を見ないで、自分ばかりが必死になってしまいがちです。

自分が忙しくて大変であっても、まわりの人たちへの気遣いができるような存在だからこそ、ステップアップをさせてあげたいと上司は思うものです。
今後は上司の後継者として、あなたを推薦したいとか言ってくれるかもしれません。
この機会に上司をフォローしていく存在になってくださいね。

POINT

・上司が苦手だと思う仕事やピンチなときこそ、あなたの出番になる
・ピンチなときにフォローすることが、あなたのピンチに必ずプラスとなりうる
・あくまで上司のサポートをする黒子の存在として対応する

08 上司の得意分野の関わり方を考えてみる

★得意なものほど人から褒められたらうれしい

あなたにしても、苦手だと感じている仕事ほど、まわりの誰かがフォローしてくれればうれしく思えるでしょう。

一方、得意だと感じている仕事は、どうでしょうか？

得意だからこそ、人にわざわざ手伝ってもらう必要はないので、自分でやり遂げようと思うでしょう。

ならば上司が得意な部分におけるつきあい方も同様に考えるべきです。

上司が得意なものに関しては、上司から「協力してほしい」と言われない限り、何もタッチしないでおくのが最善の手です。

1つ付け加えるのであれば、上司の得意分野における出来栄えに対して、「どうかな？」

とか言われた場合は、「とてもいいですね」みたいな相槌をするようにしましょう。

誰もが得意なものほど、人に褒められたらものすごくうれしいからです。

★あなたからの意見をほしがっているかどうか？

では、「どうかな？」と意見を求められたとき、どのようにしたらいいと思いますか？

部下のあなたとの関係がうまくいっていて、あなたのことを信頼しているような感じであれば、上司はあなたから率直なアドバイスを聞きたいのかもしれません。

その際は「GOOD and MORE」の回答を心がけてください。

「GOOD and MORE」は、GOODとして肯定的な回答を最初にお話しします。そしてMOREとして、「こうやったほうがもっといいかもしれません」というアドバイスをします。

相手に対して角が立ちにくいですし、信頼しているあなたの意見を聞きたいと思う場合において有効です。

あくまでお互いの関係性ができていて、上司が率直なアドバイスを聞きたいとあなたが感じたときだけです。

そうでない場合は、「とてもいいですね」の相槌でやめておくほうが無難です。意見を素直に答えてしまうと、逆に嫌がられてしまうことがあるので、注意が必要です。

相手との関係性によって大きく変わりますし、日頃からの上司の性格、行動などを観察しておくことでトラブルが防げるでしょう。

ついつい親切心でアドバイスしたくなるものですが、相手が何を求めているのかをきちんと観察した上で状況をつかむことがポイントです。

これは人からの相談事でも似たようなことがあります。

例えば、あなたがAさんから相談したいことがあるからと言われて、Aさんの悩みごとを細かく聞いたとします。

そこであなたがAさんのためになればと思って、「こうしたほうがいいよ」とか言ってしまうと、Aさんが嫌な表情になってしまうことはありませんか？

さらにあなたがAさんの悩みに対して、真剣に考えてアドバイスをしてしまうと、「あなたにそこまで言われたくなかった」とまさかの逆ギレをされることなどもよくあることです。

こういったときと同じで、Aさんがあなたに求めていることは、アドバイスではなくて悩んでいる気持ちを聞いてほしいというだけのケースがあります。

相談事であっても、Aさんはあなたに意見を求めているわけではないので、どうしたらいいかをきちんと見極めておく必要があります。

それと同様に、上司が何を求めているかによって、対応方法が異なることを覚えておくといいでしょう。

★上司が何を望んでいるかを推理ゲームのように考えてみる

わざわざ上司の顔色を見て行動するのは、面倒くさいと思うかもしれませんが、人間観察は、推理ゲームの一種みたいな感覚で考えてみてはどうでしょう？

つまらなそうなことでも、探偵になったつもりでやってみると面白くなるものです。

私は競馬が大好きで、レースの着順を当てるために、あらゆるファクターを考えて予想するのがとても面白いと思っています。

自分の予想がズバリ的中して万馬券を当てたときは、最高に快感な気分です。

仕事と競馬とは全く異なりますが、上司はどんな感じの人だからこういう傾向があるとかつかんでおくと、あなたの推理通りにいったとき、とても気持ちいいはずです。

何より上司と気持ちよく仕事をしていくことにつながるのであれば、決して損はしないどころか、むしろ得になりあなたのストレスも軽減していきます。

あなたにとっては、ハッピーなことばかりです。

きっと上司から好かれるあなたになっていけると思います。

少しでもストレスがなく、仕事を楽しくできるような環境を自分から作っていくには、上司に気分よく仕事してもらうことが、部下のあなたにとってもプラスになります。

POINT

・上司が得意なものほど何もしないで褒めることに徹してみる
・意見を聞かれた場合は、「GOOD and MORE」でアドバイスする
・日頃から上司が何を望んでいるのか推理ゲームのように考えてみる

09 「できる人」と思われるための話し方のコツ

★報告する際にはＰＲＥＰ法を使うといい

いろいろと上司と上手くやっていくためのノウハウを述べてきましたが、実はこれだけは絶対に失敗してはいけないポイントがあります。

それは上司に業務を報告するときの「話し方」です。

この話し方がきちんとできるかどうかによって、あなたが上司から「できる人」だと思われるか否かが関わってくるといっても過言ではありません。

ではどのようにしたらいいのか？

話す順番を結論から話すようにすることです。

これはよく言われている「ＰＲＥＰ（プレップ）法」による話し方で、次の①〜④の順番で話します。

①「POINT（結論）」
②「REASON（結論に至った理由）」
③「EXAMPLE（具体例として理由に説得力を持たせるデータや事例など）」
④「POINT（結論）」の流れによる文章構成です。

PREP法を使うことによって、「話す」「書く」などの場面において、相手により分かりやすく伝えることができます。これは上司だけでなく、いろいろな場面で使うことができるので、ぜひ習得しておくことをおすすめします。

よくある「起承転結」の順番で話すと、最後まで報告を聞かないと結論が分からないため、聞いている上司はイライラします。

実は、私自身も主任のときに、上司である課長から叱られた経験があります。

「あなたは話す順番が間違っている。物語のように起承転結で話すのではなく、まず結果から話しなさい」

「私はお前ほど時間がない。お前はチームをまとめればいいが、私は課をまとめなくちゃいけない立場だ。それを踏まえて話すようにしなさい」

いろいろとご指導いただいた上司にはとても感謝しております。

そのことをきっかけにＰＲＥＰ法を用いた報告の仕方に変えることができました。

まずは結果から伝えます。

Ｐ　競合とのコンペで勝ち、契約を取りました。

Ｒ　先方はうちの会社が一番早く納品できることを評価してくださったようです。

Ｅ　納品が早いということは先方の商品開発部門にもいい影響を与えるでしょう。

Ｐ　契約が取れたので、次段階の準備を進めたいと思います。

話す順番を変えるだけで、上司への報告時間を短縮することができるので、上司への気遣いにもなります。

さらに注意したいのが、**できるだけ自分の感情をおさえて話すこと**です。

案件がクレーム対応や人にまつわるような場合は、ついつい感情的になりがちです。

何があったのか、どう対応したのかなど事実を報告する際に、あなたの感情が入ってしまうと、聞いている側にとっては何が何だか分からなくなってしまいます。もし感情が込み上げて話してしまうクセがあれば、気をつけながら話すといいでしょう。

★上司は部下の提案できる能力も期待している

上司に相談や提案をする際には、ある程度どうしたらいいかを考えた上で、相談するようにしましょう。

よく見かけるのが、上司に対して何も考えず「どうしたらいいですか?」と相談しようとするケースです。

部下にとっては、「分からないから上司に直接聞こう」って言う気持ちはあるのは分かりますが、上司からすると、面倒な部下がそばにやってきたと感じるかもしれません。

あなたが上司だったらどうでしょう?

「まずは自分で考えてから提案してきてほしいし、何でもかんでも上司に頼るな!」と思いませんか?

上司の立場からすると、上司に提案するだけの能力を部下には期待しています。

「この案件については、○○と考えましたが、いかがでしょうか？」というような質問の仕方を身につけておきましょう。

話し方を変えるだけで、上司はその場でＯＫ、もしくは修正が必要だというアドバイスをするだけになります。

忙しい仕事をしている上司にとっては、かなり時間短縮にもなって喜ばれるはずです。

上司の立場からすると、身近に提案力のある部下がそばにいてくれるだけで、とても安心に感じます。

あなたの上司への気遣いのある話し方がきちんとできることで、上司からは信頼される人となり「できる人」だと思われるでしょう。

POINT

・ＰＲＥＰ法を使うことによって、相手により分かりやすく伝えることができる
・報告する際には、あなたの感情をおさえて話すことに注意する
・上司に相談や提案をする際は、ある程度どうしたらいいかを考えた上で相談する

第6章

ピンチなときこそ「考え方」が一番重要になる!

01 目立たない部署でもやれる戦略はきっとある

★「**部署にこの人ありき**」**と思わせる**

入社してから数年が経過して、同期のメンバーや後輩が着実にステップアップしていると、焦るものです。

しかも所属している部署が目立たないような部署の場合、一見するとステップアップしにくいのでないかと思ってしまうこともありますよね。

目標数値がはっきりしないような部署（総務・人事などのスタッフ）の場合、ステップアップするチャンスが少ないと感じるかもしれません。

でも安心してください。**目立たない部署であっても、ステップアップできるチャンスはあります。**

なぜなら評価は、営業成績などの数値化したデータを材料として客観的な評価を行う定量評価もあれば、数値では表すことのできないような主観的な評価を行う定性評価もあるからです。

データに基づく評価でなくても、テキパキと仕事をこなしていき、**「部署にこの人ありき」**と上司に思わせれば間違いなく評価されるので、安心しましょう。

★目立たない部署でも目立つ戦略を考える

ではどのようにすれば「部署にこの人ありき」と思わせるのか？

1つ目は、あなたを取り巻く人たちから評判のいい対応だと思われることです。

目立たない部署であっても、他の部署や取引先様との仕事のやりとりがあるはずです。

その際、先方から喜ばれるような印象を持ってもらえるようにすることです。

コツは、「相手＝お客さま」だと捉えて対応することです。

お客さまだと捉えたほうがいいのは、自分の対応がとても丁寧になるからです。

相手に喜んでもらいたいという気持ちは、お客さまだからできることもあるでしょう。

逆に部署は違っても職場の従業員が相手だと思って対応すると、雑な対応であったり、笑顔や挨拶があまり出なかったりするものです。

「この人とても対応がいいね」と評判になるくらいであれば、評価もグーンと上がるでしょう。

2つ目は、上司・部下・後輩との橋渡しがきちんとできる人になっておくことです。

あなたが熱意を持って仕事に臨み、チーム全体の士気を高めて、上司のサポートができれば間違いなく上司からすれば、「この人をステップアップさせたい」と思うでしょう。

そのためにも挨拶、笑顔などは忘れず、常に元気のある姿で仕事に臨むことです。

3つ目は、一見すると数値のない部門であっても、あなたの頑張りを誰もが認めざるを得ないような数値を作ってしまうことです。

以前にもお伝えしたように、職場には悩みの種となっている多くの課題があります。

その課題に対してアイデアを出して、改善に取り組むことで、何かしら数値化できるものはあるでしょう。

身の回りの作業の改善であったり、備品の改善であったり、いろいろな課題を解決していけば、時間や経費など数値化できるものはたくさんあるので、そこで実績を作ることができます。

例えば、

「〇〇を△△に変えて作業をしたところ、1回あたり▲分の短縮につながり、月間に換算すると×時間の短縮になりました。×時間はパートタイマー・アルバイトの時給換算にすれば、2000円分の人件費削減につながります」

となったらどうでしょう？

きっと誰から見ても、高評価を上げたくなる対象となるはずです。

私自身もスタッフ部門に所属していたので、作業効率を上げたり、経費を削減したりするような取り組みは、担当者の頃から課長になるまでずっと改善活動を行っておりました。

その改善状況を社内で発表することで、上司からは高評価を頂いたことも何度もあります。

目立たない部署であっても、ステップアップできるチャンスは戦略をもって臨めば、やり方次第で十分可能になるのです。

しかも会社の中での評価制度は、以前にもお話ししたように「相対評価」だからです。

どんなに頑張っても、全員の人にA評価が与えられるわけではないので、むしろ1人だけ輝いていれば、A評価だってもらえる可能性はあるわけです。

仕事をテキパキとこなしていて、「職場にこの人がいるから成り立っている」と思われるくらいの存在感を目指してみてください。

この機会にいろいろと戦略を練ってみてください。

POINT

- あなたを取り巻く人たちから評判のいい対応だと思われること
- 上司・部下・後輩との橋渡しがきちんとできる人になっておくこと
- あなたの頑張りを誰もが認めざるを得ないような数値を作ってしまうこと

02

嫌だと思う仕事でも発想を変えると成果が出る

★つまらない仕事に向き合う方法とは？

つまらなくて面倒だと思うような仕事が、舞い込んでくることがあります。

つまらない仕事だと思って、ついつい先延ばしにしていると、後日になって〆切日が近づいて慌てたり、依頼している部署や取引先から「どうなっていますか？」とか急に問い合わせがあって、ヤバいとか思ったりすることがあるでしょう。

急ぎではないけれど、重要な仕事ほど、その場でやらないで先延ばししてしまいます。

やりたくない気持ちが強いのですが、そんなときには、発想を変えてつまらない仕事をやってみるのも1つの方法です。

意外とつまらない仕事だからこそ、早く終わらせればスッキリして、ストレスが緩和されることにもつながると考え方を変えるのです。

とにかく逃げないで早いうちに終わらせてしまいましょう。

そのために有用なのは、「あなたにとってつまらない仕事とは何か?」を理解しておくことです。多くの人がつまらないと思いがちなものをここで列挙しましょう。

1つ目は、「つまらない仕事=経験の少ない仕事」

職位や部署が変わったとき、任された仕事に対して1人でもがいてしまうことが多いような気がします。

私も職位が「担当者↓主任」「主任↓課長」になったときは、うれしい反面、上司をそばで見ていたのに自分の番になると、「どうしよう?」と不安になった経験があります。

また部署が「人事系↓システム系」に変わったときも、今までやっていたこととは全く違う仕事内容なので、不安になった経験もあります。ただ不安のままでは何も動き出せないので、少しでも不安を解消するためにできることから始めましょう。

まずはその仕事のやり方について、マニュアル本など指導書的なものがないか探します。**読んでわかるのであれば、そのまま実践してみればいいでしょう。**

しかし、**読んでもピンと来ないのなら、その仕事について詳しい人がいないかどうかを探します。**もし詳しい人がいたら、お願いをしてどういうやり方で行ったらスムーズにできるのか、聞いてみるのも手です。

また、あなたにとっては、つまらない仕事なのかもしれませんが、慣れている人にとっては、さほどつまらない仕事ではないかもしれません。

その仕事をする上でのポイント、出来栄え、コツなどを教えてもらってください。「聞くは一時の恥、聞かぬは一生の恥」と言われているように、できるだけ早いうちに誰かのサポートを受けたほうがいいかもしれません。

2つ目は、「つまらない仕事＝単純に面白くない仕事」

主に作業みたいなものがつまらない仕事になるのではないでしょうか？

手間がかかる、時間がとられるなど、その仕事をすることそのものが面倒だと思うケースです。**できれば部下・後輩に「一緒に協力してもらえないか？」とお願いしてしまいましょう。**

なぜなら1人でやったら時間はかかるものの、多人数でやったら1人あたりの時間がかからないので、一瞬で終わってしまうこともあるからです。

ただ場合によっては、部下・後輩といえども忙しそうに別の仕事をしていたら頼みにくいこともあるかもしれません。

そういった場合は、あなた1人でなんとかしなければなりません。

「ああ、嫌だ！」という気持ちが込み上げてくると思いますが、ここは腹をくくるしかありません。それでもストレスになる気持ちを緩和することはできます。

これこそゲーム感覚で行ってはどうでしょうか？

自分でゲームのルールを決めて、「○時までに×個完成させる」とか「○分に1個完成させる」とか自分への挑戦ゲームにしてしまうのです。

以前にもやったことがあれば、そのときのタイムと比べて絶対に上回るためにどうするかを考えながらやってみるといいでしょう。もし、成功したら自分にプチご褒美で何かを購入するとかでもいいでしょうし、「絶対に○時までに帰る！」とか自分の中で断言して、スピードアップで仕事をするのもありです。

★どんな仕事でもワクワクさに変えていける発想を持つ

ポイントは、**ワクワクさを持ち込んで、つまらない仕事を乗り切っていくのも1つの方法**です。

さすがにやらされ感みたいなものが強く込み上げてくると、成果は出ないどころかストレスになっていきます。

結論としましては、やりたくない気持ちが強くても、ワクワクさに変えるようにはどうしたらいいかを常日頃から考えてみることです。

そのような発想で臨むとあなたの仕事への充実度が、今以上に増してくるに違いありません。

また、**不思議なもので、「つまらない仕事＝つらい仕事」を経験すると、自分のスキルの向上にもつながります。**つらい仕事を乗り越えた後の成長した自分を想像することもワクワクすることの1つにもなりえます。

私自身は課長になったばかりのとき、お客さまからのクレーム対応の仕事をすることになりました。どう対応したらいいのか分からないままに、お客さまのところに何度も通ったり、菓子折りを持って行ったり、お客さまと交渉を重ねて、約半年間いろいろと対応をさせていただきました。

かなり大きい案件だったこともあり、その案件を対応した経験によって、クレーム対応のときにはどうやったほうがいいかが、自然と身についたような気がしています。

つまらない、つらい仕事ほど大変かもしれませんが、「大変」という言葉のように「大きく変わる」、つまり自分自身を成長させてくれるチャンスなのかもしれません。

だからこそしっかり向き合って、どうやったほうがいいのかを考えるいい機会だと捉えてみてはいかがでしょう。

POINT

・発想を変えてつまらない仕事をやってみる、それが成長のチャンスになることもある
・「つまらない仕事＝経験の少ない仕事」はできる人に教わることも考える
・「つまらない仕事＝単純に面白くない仕事」はゲーム感覚でやってみる

03 働きやすい環境になるためにやっておきたいこと

★まわりのメンバーに対して感謝の気持ちをもつ

「あなたがいるからこの職場がうまくいく」

「あなたと一緒に働けて本当によかったです」

と言われたり、思われたりしたいですよね。

あなた自身も上司・部下・後輩と一緒に仕事をしていて、「この人がいるから、仕事をしていて楽しく感じる」と思うことはあるでしょう。

お互いにそう感じるようになっていくと、仕事をする上でやりがいにつながっていくでしょう。

こう考えると、大事なのは上司・部下・後輩の存在です。

うまくやっていくために必要なのは、何と言っても、上司・部下・後輩に対して「感

謝の気持ち」をもって臨むことです。

日頃から感謝の気持ちを持って臨むことは、最終的にあなたに対してまわりのメンバーが一緒に仕事をやりやすいという気持ちを持つことにつながります。**「返報性の原理」が働く**のです。

相手から何かを受け取ったときに、お返しをしなければならないという感情を抱く心理効果のことを「返報性の原理」と言います。

その返報性の原理には、好意の返報性というものがあり、相手から何らかの好意や親切を受けたときなどには、お返しやお礼をしたくなる心理があります。

あなたが相手に対して好意を持って親切な行動をしたり、感謝の気持ちを伝えたりすることで、相手からも親切な行動をしてもらったり、感謝の気持ちを受け取ったりすることになるでしょう。

だからこそ、感謝の気持ちを伝えることが、仕事をやりやすくする秘訣でもあります。

★嫌な役を買って出て感謝の気持ちを伝える

その際にしておきたいのは、次のポイントです。

誰もやりたがらない嫌な役を買って出るということ。

例えば、歓送迎会の幹事や社内旅行の取りまとめ役など、自ら進んで立候補するという人はどれくらいいるでしょうか？

「ただでさえ忙しいのに、そんなことをする余裕はないよ」

そう思う人のほうが多いかもしれません。誰も面倒なことはしたくないのです。

そこで、そういう皆が面倒に思うことをあえて引き受けてください。まわりの人に感謝の気持ちを伝えるという意味でも、ぜひ立候補してください。

歓送迎会の幹事の場合、

「メンバー全員が喜ぶお店って、どんなお店だろう？」

「どんな催し物をしたら盛り上がるかな？」

などと相手が喜ぶ姿に思いを巡らせてみましょう。いろいろなアイデアが浮かび、幹事という仕事にやりがいを覚えるはずです。

また、まわりも嫌な役を買って出たあなたに感謝をします。実は、嫌な役というのはあなたの印象をよくするチャンスでもあるのです。そのため、積極的に嫌な役を買って出ることをおすすめします。

その他にもいろいろと感謝の気持ちを伝える方法はあります。

ただし危険なのは、私が頑張っているのだから、まわりのメンバーは私に感謝するべきだという考え方です。

相手に対して感謝どころか、敵意の気持ちを持ってしまい、相手もあなたに対して敵意の気持ちを持ってしまいます。

これも返報性の原理であって、「敵意の返報性」と言われるものです。

誰もが仕事をしていくのであれば、風通しのいい職場で働くほうが何かと心地よいと感じるはずです。

まずはあなたから上司・部下・後輩に対して「感謝の気持ち」をもって臨んでいけば、必ずまわりのメンバーもあなたに対しての見方が変わっていきます。

職場内でまわりに対して感謝の気持ちを持った行動ができるようになることで、あなたは職場で欠かせない存在だと思われるはずです。

きっとストレスも少なくなって、イキイキと働くことができるでしょう。

私も二度ほど部下の方から「あなたがいるから、私はこの職場で働いているんです」と言われてうれしかったことがあります。

ぜひあなたにもそのような存在になってもらいたいと思っています。

人の心を動かすのは簡単ではありませんが、あなたがいるから私も働いていると思われるような存在になるためには、まずあなたから率先して行動していってください。

POINT

- あなたが感謝をすれば相手も感謝の気持ちを持つようになる
- 言葉やモノで相手に対して感謝の気持ちを伝える
- 「感謝の気持ち」でまわりに接していると、あなたは職場で欠かせない存在になる

04

一生懸命やっていれば必ず味方はいる

★好意的ではない人が目立ってしまい全員が嫌っているように感じてしまう

チームの輪に溶け込めないでいると、自分だけ嫌われているかのように感じてしまうことはありませんか?

しかも新しく着任したときなどは、完全アウェーのような気分になることもあるでしょう。

それがものすごくストレスになってしまうこともあったりします。

でもこれだけは言えることがあります。

職場で一生懸命頑張っていれば、必ず応援してくれる人はいますし、今はアウェー気分でもきっと徐々に変わっていきます。

不思議なもので、好意的ではない人の存在が目立ってしまい、誰もが自分のことを嫌っているように感じ取ってしまいがちです。

冷静に考えれば、チーム全員に好かれてはいないかもしれませんが、2割の人はあなたに対して好意を持ってくれています。

なぜなら**「2・6・2の法則」**で示されているように、どんな組織においても自分に対して、「好意的な人2割・どちらでもない人6割・好意的ではない人2割」がいると言われているからです。

そして中間層の6割のあまり関心を示していないような人がアンチに見えてしまうだけですので、さほど気にするほどではなかったりします。

野球のファンにたとえて考えてみるとよく分かることです。

野球が好きでたまらなくて、大好きな球団もあれば、プロ野球の試合をよく観に行く人がいたとします。

その反面、野球にはあまり興味がない、好きじゃないという人もいるでしょう。

でもどちらにも当てはまらない中間層の人がいます。

野球は好きだけどわざわざテレビで観ることはないし、プロ野球の試合をわざわざ観に行くことも考えていない人です。

そういった人たちっていますよね。

その中間層の人たちは、野球のことを嫌っているわけではありません。

しかし、野球のことが本気で好きな人からは、この中間層の人たちを見ると、「野球は好きじゃない人」だと思い込んでしまいがちです。

自分を中心に価値観を合わせているので、自分たちのように野球に情熱を注いでいないのだから嫌いな人と決めつけてしまっているのです。

どんな場合でも、そういった中間層の人たちは実に多く、その人たちは決して嫌っている人ではないと理解しておいたほうがいいわけです。

★頑張っていればきっと好意的に感じている人がそばにいる

とはいえ、不穏な雰囲気を感じながら仕事をし続けるのは、つらいことでしょう。

そこでぜひやっておきたいことがあります。

ポイントは、**職場で誰とでも笑顔で接すること**です。

拍子抜けしたかもしれませんが、意外と真剣になればなるほど、人はムスッとした顔になりがちです。

そこで明るい笑顔で接してくる人がいれば、「この人はいい人」とイメージされていくので、徐々にあなたに対する雰囲気が変わっていくでしょう。

「今さら知っている人に笑顔でいるのも恥ずかしいな」と思うかもしれませんが、第2章で述べたとおり、恥ずかしいのは一瞬だけです。今日ここから変わることでまわりの目も必ず変わってきます。

とにかく、あなたからどんどんポジティブな雰囲気を作り出していくくらいの心構えでいきましょう。

あなたが頑張っていれば、あなたの行動に好意を持って見てくれている人がいるので、安心して仕事に臨んでください。

決して不安がる必要もないですし、あなたが一生懸命頑張っている姿は、きっとおおむね好意的に映っているはずです。

それでも気になるのであれば、チームメンバーに対して、食事休憩中などに話しかけ

るようにすると、徐々にメンバーとの距離を縮めていけるでしょう。

きっとあなたの味方は、あなたが気づかないだけで、すぐそばにいる方かもしれないので、くまなく人間観察を続けてみてください。

POINT

・「2・6・2の法則」で示すように、好意を持っている人は身近に必ず存在する
・職場で誰とでも笑顔で接することで、まわりのメンバーのあなたへの印象が変わる
・食事休憩中などに話しかけていくと、徐々にメンバーとの距離を縮めていける

おわりに

ここまで読んでくださり、ありがとうございます。
私が実際に行った仕事の「時短化」「省力化」を披露しましたが、いかがでしたか？
なかなか思うようにうまくいかず、苦戦されている方もいるかもしれません。
そんなあなたに一言。

今がうまくいかなくても、あなたの気持ち次第で、明日からの人生を変えることができると私は信じています。

私は24歳のときに交通事故に遭って、一生下半身が動かないことを宣告されて、お先真っ暗な気持ちになりました。
ポジティブな気持ちになるのは簡単なことではありませんでしたが、車いすユーザーになってもできることは必ずあると信じて、リハビリに専念し、休職期間が終わる1年半後に、会社復帰することができました。

ここからが私にとって第2の人生の始まりでした。

胸から下は動けなくても、上半身という残された機能（残存機能）を使えば、仕事の中でいろいろなことに挑戦することができました。その機会を私に与えてくれたイオンリテールという企業にとても感謝しておりますし、一緒に働いてきた仲間がいたからだと思っております。

会社には約20年間勤めましたが、私には転機となる想いがありました。

２００５年から休日を使ってバリアフリーのスポットを１０００箇所以上調査して、ブログなどで発信活動を続けてきました。

そこで今度は、車いすユーザーの私だからできることに挑戦したくなりました。

世の中は、車いすで生活していく上で、整備されていないことがたくさんあります。バリアフリーにおける課題であったり、共生社会における心のバリアフリーの課題であったり……。

しかもこれからは高齢者も増えていく時代。

車いすで過ごす人が増える可能性がある中で、この課題を解決していくために、今まで長年車いす生活をしてきた私だから、誰もが暮らしやすくなるバリアフリーのアドバイスができるのではないかと思い、新たな人生を踏み出すことを決意しました。

「ここからが私にとって第3の人生の始まり！」

と思っていたら、すぐに状況が変わりました。

今まで考えられないような病気が立て続けに起こりました。難病指定の「脊髄空洞症」、そして足の床ずれによる小指切断などトータルで4年間苦しむことになりました。

さらに世の中にコロナが蔓延したことで、決意を固めてスタートしたバリアフリーの仕事にも影響が出てきました。

そこで考えたのが、自宅でもできる仕事はないだろうか、ということ。

退職時に新たな挑戦のために行った日本一周の旅を動画にしたいと思って、気軽な気持ちでやった動画編集がきっかけで、本格的に動画編集の技術のノウハウを学んでみようと思い立ちました。

それが今では企業などの動画ＣＭやＰＲ動画なども手掛けるようになりました。

数年前の私を考えれば、まさか自分が動画の世界をやっているなんて想像がつきません。

でも動画編集の仕事は、自分が描くクリエイティブな世界を作ることができるので、私にとってはとてもワクワクできるのです。

これこそ新たな自分の発見でした。
今は世界の大谷翔平選手のように、「動画編集」と「バリアフリーのコンサルティング」の二刀流の人になっております。
この本の中でお伝えしたように、あなたも「じぶん棚卸し」をしてみると、自分に合ったものをきっと見つけることができるようになります。

おかげさまで長年苦しんでいた「脊髄空洞症」は大手術の末、痛みは大きく緩和し、床ずれもようやく回復に向かっていて、私にとっての第4の人生がいよいよ始まろうとしております。

第1の人生・・・24歳までの健常者だった人生
第2の人生・・・車椅子生活になった人生
第3の人生・・・会社を退職して起業したときの人生
第4の人生・・・大病から解放された人生

アントニオ猪木さんがよくおっしゃっていた「元気があればなんでもできる」という言葉のように、何が起こっても再チャレンジができるのが人生です。

私のような何度もリニューアルしている人生を送っていても、なんとかなっているわけですから、誰でも人生を変えることは十分可能なはずです。

今がうまくいかなくても、「打つ手は無限」の気持ちで信念を貫けば、きっと道は開けます。ここまで遠回りした時間は、きっと取り戻せるでしょうし、挑戦をし続ければ年齢など関係なく人は成長できます。

この本を通して、あなたが社内の人間関係を作っていき、あなたの目指す道になっていくことにお役に立つことができるのであれば、私としてはとてもうれしい限りです。

今日からがあなたの新しい人生の幕開けです。

白倉 栄一

ムダ・ムリをなくせば仕事が3倍ラクになる！
いつも仕事が速い人が大切にしていること

著者　白倉 栄一
発行者　真船 壮介
発行所　KK ロングセラーズ
〒169-0075　東京都新宿区高田馬場 4-4-18
電話（03）5937-6803㈹
http://www.kklong.co.jp
装丁　鈴木大輔・江﨑輝海（ソウルデザイン）
印刷・製本　中央精版印刷㈱
落丁・乱丁はお取替えいたします。※定価と発行日はカバーに表示してあります。
ISBN978-4-8454-5189-0　C0034
Printed in Japan 2024